컨벤션
기획 및 실무

컨벤션 기획 및 실무_(개정증보판)

1쇄 인쇄 2008년 8월 22일
1쇄 발행 2008년 8월 29일

© (주)팁스윈, 2002(초판)
© 도서출판 나눔의집, 2008(개정증보판)

지은이 / 김장신

펴낸곳 / 도서출판 나눔의집
펴낸이 / 박정희
주   소 / 152-790 서울시 구로구 구로3동 182-13번지
            대륭포스트타워 II 1205호
전   화 / 02-2082-0260
팩   스 / 02-2082-0263
www.ncbook.co.kr

값 18,000원
ISBN 978-89-5810-156-7 (93320)

●파본은 구입하신 곳에서 바꿔 드립니다.

컨벤션
기획 및 실무 개정증보판

김장신 지음

International Conference/Convention

사회복지 전문출판 나눔의 집

국제회의산업은 관광산업 중 가장 파급효과가 큰 산업으로 국가경제는 물론 국민경제에 미치는 영향이 지대한 고부가가치산업입니다. 이러한 국제회의산업의 중요성이 부각됨에 따라 세계 각 국은 국제회의를 유치하기 위해 국가차원의 전담기구를 설치하고 국제회의산업 인프라를 구축하는 등 각고의 노력을 기울이고 있습니다.

우리나라의 국제회의산업은 1988년 서울올림픽 개최를 계기로 급성장하였으며, 1996년 말 정부에서는 국제회의의 유치를 촉진하고 그 원활한 개최를 지원하여 국제회의산업을 육성·진흥함으로써 관광산업의 발전과 국민경제의 향상 등에 이바지하기 위한 「국제회의산업 육성에 관한 법률」을 제정하였습니다.

그러나 우리나라의 국제회의산업은 아직도 많은 문제점을 내포하고 있고, 그 중에서도 부족한 국제회의 전문인력을 양성하는 것이 가장 시급하게 되어 정부는 국제회의 전문인력을 양성하기 위한 일환으로 금년부터 「컨벤션기획사」제도를 시행할 계획입니다. 그러나 우리나라는 아직도 외국에 비해 국제회의 전문인력을 양성하기 위한 체계적인 전문기관이나 학교 및 학원 등이 부족하고, 그 들에게 필요한 교재는 절대적으로 부족한 형편입니다. 이러한 형편을 고려하여 저자가 1980년대부터 국제회의를 준비하고 참가하면서 축적된 작은 지식이나마 국제회의산업 발전에 일익을 담당하고자 이 책을 집필하게 된 것입니다.

이 책은 국제회의를 유치하거나 개최할 때 국제회의기획업체(PCO)의 도움없이도 자체적으로 국제회의를 준비할 수 있도록 저자의 실제적인 경험을 토대로 자세히 기술하였으므로, 국제회의 및 컨벤션 분야에서 전문인력으로 일하고자 하는 분과 컨벤션기획사 시험을 준비하는 수험생은 물론 국제회의 관련학과에 다니는 학생 및 국제회의기획업체 등에 종사하고 있는 종사원들에게 도움이 될 것입니다.

끝으로 이 책이 나올 수 있도록 필요한 각종 자료 제공과 아낌없는 고견을 베풀어 주시고, 감수까지 하여 주신 문화관광부 관광국 국제관광과 강기홍과장님께 진심으로 감사드립니다.

2003년 1월 3일

김장신 올림

세 번째 개정증보판을 출판하면서……

이 책의 초판이 2002년 2월에 나올 때만 해도 컨벤션이란 용어도 생소하였습니다. 이 책이 출판된 후 유사한 책들이 많이 출판되어 우리나라 컨벤션산업에 미력하나마 기여하고자 하는 제 목표는 달성되었다고 봅니다. 2003년 컨벤션기획사 제도가 시행되기 시작했고 정부 및 민간단체에서도 컨벤션산업의 중요성을 인식하여 지금은 상당히 성장하고 있습니다.

그러나 우리의 경쟁국이 될 수밖에 없는 중국이나 싱가포르 등에 비해 국제회의산업에 대한 거시적인 안목과 체계적인 투자가 부족한 것 같습니다.

이번 세 번째 개정판에는 제1편인 컨벤션산업론의 내용 중 UIA과 ICCA의 최신 통계자료를 중심으로 개정하였으며, 제2편 컨벤션 기획 및 실무는 더 이상 수정할 필요성이 없다고 판단되어 개정부분이 없습니다.

이 책은 초판 및 개정판에서도 언급한 바와 같이 컨벤션의 개념조차 정립되지 않았던 1988년부터 실제적인 대규모 국제회의를 준비하고 개최한 경험과 국제기구의 자문을 거쳐 작성한 책입니다. 다시 말해서 컨벤션을 개최하는데 필요한 모든 내용을 기술하였으므로 컨벤션과 관련된 모든 분께 꼭 필요한 책이 될 것입니다.

끝으로 세 번째 개정증보판이 나올 수 있도록 결정해주신 도서출판 나눔의집 유보열 사장이하 임직원에게 진심으로 감사드립니다.

2008년 8월

김장신 올림

| 목차 |

제1편

컨벤션산업론

제1장 국제회의의 개요

1. 국제회의의 정의

국제회의의 개념 정의에 앞서 국제회의를 포함하고 있는 국제행사의 개념 정의를 살펴보면 국제행사란 1999년 9월 8일 국무총리훈령 제391호로 제정된 「국제행사의 유치·개최 등에 관한 규정」에 5개국 이상의 국가에서 100명 이상의 외국인이 참여하는 국제회의·체육행사·박람회·전시회·문화행사·관광행사 등이라고 되어있다.

국제회의에 대한 개념은 접근방법에 따라 다르나 여기서는 우리나라에서 실무적으로 주로 사용되고 있는 법률적 측면에서 정의하고자 한다. 「국제회의산업 육성에 관한 법률」에 의하면 국제회의란 국제기구 또는 국제기구에 가입한 기관 또는 법인·단체가 개최하는 세미나·토론회·학술대회·심포지움·전시회·박람회·기타회의와 국제기구에 가입하지 아니한 기관 또는 법인·단체가 개최하는 세미나·토론회·학술대회·심포지움·전시회·박람회 기타 회의를 말한다.

이 중, 국제기구 또는 국제기구에 가입한 기관 또는 법인·단체가 개최하는 회의는 5개국 이상이 참가해야 하고, 회의참가자는 300인 이상(외국인 100인 이상 포함)이 되어야 하며, 회의기간은 3일 이상 진행되어야 한다. 그리고 국제기구에 가입하지 아니한 기관 또는 법인·단체가 개최하는 회의는 회의참가자중 외국인이 150인 이상이어야 하며 2일 이상 진행되어야 한다.

국제회의 전문 국제기구의 국제회의 기준

구 분	국 제 회 의 기 준
국제협회연합 (UIA)	○국제기구가 주최하거나 후원하는 회의 ○국제기구에 소속된 국내지부가 주최하는 국내회의 가운데 다음 조건을 만족 하는 회의 - 참가국수가 5개국 이상 - 전체 참가자수가 300명 이상 - 참가자중 외국인이 40% 이상 - 회의기간이 3일 이상인 회의
세계국제회의 전문협회 (ICCA)	○정기적인 회의로서 최소 4개국 이상을 순회 · 개최 ○참가자가 50명 이상인 회의

2. 국제회의의 종류

국제회의는 광범위한 문제나 특정문제에 대한 일반토의를 위한 토론장으로서의 역할 및 조약문 또는 기타 정식 국제문서 작성이나 채택, 국제적 정보교환, 국제적 사업에 대한 자발적 분담금 서약 등의 목적으로 이루어지고 있다. 이러한 국제회의의 종류는 국가나 국제기구별로 다르게 분류하고 있으며, 회의형태나 주최, 목적, 성격 등 다양한 방법으로 구분할 수 있으나 가장 많이 사용되고 있는 회의형태별 분류 방법인 Meeting, Convention, Conference, Forum, Symposium, Panel Discussion, Seminar, Workshop 및 Exhibition과 주최에 따른 분류 방법인 Association Meetings와 Corporate Meetings를 중심으로 설명하고자 한다.

1) 회의형태별 분류

(1) Meeting
모든 종류의 회의를 통칭하는 가장 포괄적인 용어로서 정보와 지식을 교환하기 위한 모임을 말한다.

(2) Convention

Convention은 과거 연차총회의 의미로 사용되었으나 최근에는 그 개념이 모든 회의를 포괄하는 의미로 사용되고 있어 회의분야에서 Conference와 함께 가장 일반적으로 사용하고 있는 용어이다. Convention은 국제기구의 사업심의나 예산수립, 정보전달을 목적으로 개최되는 정기집회를 의미하고, 전시회를 수반하는 경우가 많아 다소 상업성향을 띠고 있다. Convention은 통상적으로 Conference에 비해 다수의 주제를 다루는 경우가 많다.

(3) Conference

Conference는 Convention과 의미가 거의 유사하게 쓰이고 있다.

Conference는 주로 학술적 측면이나 첨단과학, 기술 등 새로운 지식에 대한 정보 전달이나 특정문제에 대한 연구를 목적으로 이루어지는 경우가 많고, 때로는 국제집회 또는 국제기구의 정기집회 등의 의미로 사용된다. 그리고 Conference는 통상적으로 Convention에 비해 회의 진행상 토론회가 많이 열리고, 회의 참가자들에게 토론 참여 기회가 많이 주어지는 경향이 있다.

(4) Forum

한 가지 주제에 대해 전문가들이 사회자의 주도하에 청중 앞에서 벌이는 공개토론회로서, 청중도 자유롭게 의견을 개진할 수 있으며, 사회자가 의견을 종합하는 회의를 말한다.

(5) Symposium

제시된 안건에 대해 전문가들이 청중 앞에서 벌이는 공개토론회로서, Forum에 비해 다소의 형식을 갖추어 진행되므로 청중의 질의기회가 적다.

(6) Panel Discussion

청중이 모인 가운데 2~8명의 연사가 사회자의 주도하에 각 분야의 발표자가 전문적인 견해를 발표하는 공개토론회로서, 청중도 의견을 발표할 수 있으며, Panelist와 청중간에 자유로운 토의도 가능하나 발표자의 비중이 높아 청중의 발표 기회가 다소 제한적이다.

(7) Seminar

주로 교육 및 연구 목적을 띤 회의로서 단일 논제에 대하여 30명 이하의 참가자가 전문가적인 견해를 발표하고 토론한다.

(8) Workshop

대규모회의의 일부 또는 단독적으로 이루어지며, 대부분 30명 내외의 참가자가 특정 문제나 과제에 대하여 새로운 지식이나 정보 등을 교환하는 회의로서 훈련 또는 교육의 목적으로 개최된다.

(9) Exhibition/Trade Show

회의와는 다소 거리감이 있고 Vendor에 의해 제공된 상품과 서비스의 전시모임을 말하며, 불특정 다수가 참가하고 전시회나 박람회가 개최될 때 이들 분야와 관련된 회의가 개최되거나 반대로 대규모 회의와 병행하여 관련분야 전시회가 개최되는 경우가 많다. 이렇듯 국제회의의 부속행사로 열리는 경우에는 Exhibition이라고 부르며, 전시회 단독으로 개최되는 경우는 Trade Show라고 한다.

(10) Exposition

BIE(Bureau International des Exposition)에 의하면 Exposition이란 일반대중의 교육과 계몽을 목적으로 하며 인류노력에 의해 한 시대가 달성한 성과를 확인하고 미래를 전망하는 무대라고 정의되고 있어 Exhibition이나 Trade Show와는 다르지만 혼용되어 사용되기도 하고 있으며 통상 EXPO 또는 박람회라고 부른다.

2) 회의주최별 분류

국제회의를 주최별로 분류하면 협회회의(Association Meetings)와 기업회의(Corporate Meetings)로 나눈다. 협회회의는 International Governmental Organizations Meeting과 International Non-Governmental Organizations Meeting으로 구분하며, 기업회의는 내부회의(Internal Meetings)와 외부회의(External Meetings), 내외부합동회의(In/External Meetings)로 나눈다.

(1) 협회회의(Association Meetings)

협회회의는 회의주최에 따라 International Governmental Organizations Meeting과 International Non-Governmental Organizations Meeting으로 나눌 수 있으나 정부간에 개최되는 공식회의가 차지하는 비중이 적어, 이를 제외하면 대부분이 협회 또는 국제기구 등이 개최하는 비정부조직회의이다. 따라서 협회회의는 정부간 공식회의를 제외하면 학술이나 산업 등의 정보전달을 위해 개최되는 회의이다.

그리고 협회회의는 각각 전문분야별로 협회를 구성하고 있고, 정기적으로 1년 또는 격년을 주기로 회의를 개최하고 있으며, 개최지를 매번 다르게 순회하면서 개최한다. 협회회의의 회의기간은 보통 4일내지 5일이지만 때로는 2일 또는 3일 심지어 6일 이상이 되는 경우도 있다.

회의장소를 선정하는 경우 통상적으로 400명 이하의 회의는 한 장소에서 모두 이루어지는 것이 편하고, 400명 이상의 회의는 주로 전문 회의장(Congress center)에서 개최하는 것이 바람직하다. 그리고 모든 협회회의의 약 15%는 동시통역을 사용하고 있지만 기업회의는 동시통역이 드물게 이용된다.

(2) 기업회의(Corporate Meetings)

기업회의는 기업의 임직원들을 대상으로 판매나 기술 훈련, 동기유발 등의 목적으로 하는 내부회의(Internal Meetings)와 기업과 관련된 외부인사를 대상으로 하는 신제품설명회, 주주총회, 기자회견, 전시회 등의 외부회의(External meetings), 그리고 기업의 임직원 및 기업과 관련된 외부인사를 목적으로 하는 워크숍과 교육 등의 내외부합동회의(Meetings which are both internally and externally geared) 등 3가지로 나눌 수 있다. 이들 회의는 주로 당면과제가 발생하면 개최되며, 협회회의에 비해 같은 장소에서 많이 개최된다.

3. 국제회의의 역할 및 효과

국제회의는 세계화 및 개방화의 추세에 따라 국제회의에 대한 수요가 증가하고 있으며, 국제회의를 유치하여 개최하는 국제회의산업은 이미 21세기의 고부가가치 산업으로 각광을 받고 있다. 우리나라에서도 「관광진흥법」이외에 국제회의의 유치를 촉진하고 그 원활한 개최를 지원하여 국제회의 산업을 육성·진흥함으로써 관광산업의 발전과 국민경제의 향상 등에 이바지하기 위한 「국제회의산업 육성에 관한 법률」을 제정하여 국제회의산업을 육성하기 위한 노력을 경주하고 있다.

그리고 국제회의산업을 관장하는 문화체육관광부 역시 1998년도에 이미「국제회의산업육성 기본계획」을 수립하여 추진하였고, 1999년에는 "관광비전21"이라는 관광진흥 5개년 계획에 컨벤션센터 건립 및 국제회의 유치·개최지원 등의 내용을 포함하여 추진하였다. 2004년에는 문화관광부차관을 위원장으로 하는 국제회의산업육성위원회와 국제회의산업자문단 구성 및 운영하고 있으며, 컨벤션 전담조직(CVB: Convention & Visitors Bureau) 설립과 사업을 지원함으로써 국제회의산업의 비중을 높이고 있다.

국제회의를 개최하는데 따른 효과는 다소 부정적인 면도 있겠지만 여기서는 긍정적인 면을 설명하고자 한다. 국제회의를 유치·개최하고자 하는 주요 이유는 국가의 위상 제고와 함께 경제적인 효과를 누리고자 함이지만, 여기서는 정치적 측면, 경제적 측면, 사회·문화적 측면 및 관광 측면으로 분류하여 그 효과를 설명하고자 한다.

1) 정치적 측면의 효과

국제회의를 유치·개최하게 되면 국제회의에 참가하는 참가자들이 세계각국의 대표로 구성되므로 그들에게 개최국가 및 개최장소를 홍보하는 계기가 된다. 또한 참가자들 대부분이 그 나라에서는 정부 또는 각분야에 영향력이 있는 지도급 인사들이므로 개최국의 국제지위 향상에 따른 국제적 영향력 증대와 국가차원 및 민간차원의 외교 효과를 누릴 수 있다.

2) 경제적 측면의 효과

국제회의의 개최가 경제적 측면에 미치는 영향은 지대하다. 국제회의의 규모도 중요하고 참가자들의 수도 중요하지만, 대부분의 국제회의의 경우 참가자들을 개최국의 항공사와 제휴하여 그들의 항공편을 이용하도록 유도하고, 전체일정에 관광행사를 포함하여 동반자들을 위한 프로그램 등을 준비하여 동반자와 함께 국제회의에 참가하도록 하고 있다. 또한 참가자들이 일반 관광객과 달리 그 나라의 정부 또는 사회 각 분야의 영향력있는 인사들로 구성되므로 대부분 국제회의 개최장소인 특급호텔 등에 숙박하고, 구매력 또한 크고, 참가비 수입 등으로 고액의 외화 획득을 창출할 수 있다. 또한 국제회의 개최에 따른 호텔, 여행사, 인쇄소, 식당, 전시업, 국제회의 기획업, 인력파견업 및 판매업 등 국제회의에 관련 업종에 대한 고용 창출 효과가 크며, 이에 파생되는 법인세 및 소득세 등 세수 증대효과와 국제수지 개선 효과가 있다.

그리고 국제회의 참가자들로부터 최소의 비용으로 최신의 첨단정보, 기술 및 지식을 습득할 기회를 가질 수 있으며, 지역 경제의 활성화를 도모할 수 있다.

한국관광공사의 자료에 의하면 국제회의 참가자의 소비액이 1995년의 경우 1인당 US$ 3,285에 달하며, 이는 일반관광객의 평균소비액의 2.2배에 달하는 금액이며, 평균 체제일도 일반관광객이 5.3일인데 반해 7.4일로 나타나 국제회의 유치·개최가 중요하다는 것을 말해주고 있다.

3) 사회·문화적 측면의 효과

국제회의가 자주 개최되는 국가 또는 지역은 의식 자체가 선진국화되고 국제화가 될 수밖에 없으며, 국제회의 개최에 따른 사회기반시설의 확충 및 정비와 환경 개선 등이 수반되므로 그 나라 및 지역 발전을 꾀하게 된다. 과거에는 주로 서울이나 제주에서 국제회의가 개최되었으나 최근에는 경주 및 광주 등 지방에서 국제회의가 개최되고 있어 개최되는 지방을 세계에 널리 알리는 계기가 되고 있으며, 그 지방의 국제화와 발전을 도모하고 있다.

또한 국제회의가 개최되면 자국인의 경우 국내 참가가 용이하여 외국인참가자와의 직접적인 교류를 통해 최신 정보 및 첨단 지식 등을 교환할 수 있으며, 친선을 도모할 수 있다.

4) 관광 측면의 효과

　국제회의의 개최건수가 매년 증가되고 참가자 규모 또한 대형화되고 있으며, 국제회의의 참가자들은 대부분 그 국가대표 또는 각 분야에 영향력을 갖고 있는 지도급 인사들로 일반 관광객에 비해 소비수준이나 문화수준이 높아 국제회의 개최지역에 미치는 효과가 크다. 그리고 대부분의 국제회의는 회의 전후로 그 나라를 홍보하기 위한 관광 프로그램을 제공하고 있고, 일반여행객보다 체재일수가 길어 관광산업에 미치는 효과가 크다.

　또한 국제회의의 개최시기가 계절에 구애를 받지 않기 때문에 유휴시설이나 유휴인력이 발생할 수 있는 관광비수기를 타개할 수 있어 관광산업 진흥에 기여할 수 있다. 또한 최근과 같이 지방에서 국제회의가 개최되는 경우 그 지방의 관광자원의 홍보와 관광산업의 발전에 일익을 담당하게 된다.

제2장 국제회의산업의 개요

1. 국제회의산업의 정의

국제회의업이란 「관광진흥법 제3조 제1항 제4호」에 의하면 대규모 관광수요를 유발하는 국제회의(세미나, 토론회, 전시회 등을 포함한다)를 개최할 수 있는 시설을 설치·운영하거나 국제회의의 계획·준비·진행 등의 업무를 위탁받아 대행하는 업을 말한다. 그리고 「국제회의산업 육성에 관한 법률」에는 국제회의산업이란 국제회의의 유치와 개최에 필요한 국제회의시설, 서비스 등과 관련된 산업이라고 정의하고 있다. 따라서 국제회의산업은 국제회의시설업과 국제회의기획업으로 나눌 수 있다.

「관광진흥법시행령 제2조 제4호」에서 정의한 바와 같이 국제회의시설업은 대규모 관광수요를 유발하는 국제회의를 개최할 수 있는 시설을 설치·운영하는 업을 말하며, 국제회의기획업은 대규모 관광수요를 유발하는 국제회의의 계획·준비·진행 등의 업무를 위탁받아 대행하는 업을 말한다.

여기서 말하는 국제회의시설은 국제회의 개최에 필요한 회의시설, 전시시설 및 이와 관련된 부대시설 등으로서 전문회의시설, 준회의시설, 전시시설 및 부대시설로 구분한다.

① 전문회의시설

2천인이상의 인원을 수용할 수 있는 대회의실과 30인 이상의 인원을 수용할 수 있는 중소회의실이 10실 이상이 있어야 하며, 옥내전시면적이 2천제곱미터 이상이 되는 시설을 말한다.

② 준회의시설

국제회의의 개최에 필요한 회의실로 활용할 수 있는 호텔연회장·공연장·체육관등의 시설로서 600인 이상의 인원을 수용할 수 있는 대회의실과 30인 이상의 인원을 수용할 수 있는 중소회의실을 3실 이상 갖춘 시설을 말한다.

③ 전시시설

옥내전시면적이 2천제곱미터 이상이고, 30인이상의 인원을 수용할 수 있는 중소회의실을 5실 이상 갖추고 있는 시설을 말한다.

④ 부대시설

국제회의의 개최 및 전시의 편의를 위하여 전문회의시설·전시시설에 시설에 부속된 숙박시설·주차시설·음식점시설·휴식시설·판매시설 등을 말한다.

※ 참고사항

국제회의업의 등록기준

국제회의업(국제회의시설업, 국제회의기획업)을 경영하고자 하는 자는 시장·군수·구청장에게 등록하여야 한다.(관광진흥법 제4조제2항) 국제회의시설업을 경영하려는 자는 등록하기 전에 당해 사업에 대한 사업계획을 작성하여 시장·군수·구청장의 승인을 받을 수 있다.

가. 국제회의시설업 : 관광진흥법 시행령 제5조
· 국제회의산업 육성에 관한 법률 시행령 제3제2항의 규정에 의한 전문회의시설의 요건을 갖추고 있을 것
· 국제회의 개최 및 전시의 편의를 위하여 부대시설로 주차시설, 쇼핑·휴식시설을 갖추고 있을 것

· 제출서류

- 사업계획서 1부

- 신청인(법인의 경우에는 대표자 및 임원)의 성명 및 주민등록번호를 기재한 서류(외국인의 경
  우에는 「관광진흥법」 제7조제1항 각 호에 해당하지 아니함을 증명하는 당해 국가의 정부 기타
  권한있는 기관이 발행한 서류 또는 공증한 신청인의 진술서로서 「재외공관공증법」에 의하여
  당해 국가에 주재하는 대한민국공관의 영사관이 확인한 서류) 1부

- 부동산의 소유권 또는 사용권을 증명하는 서류(담당공무원이 부동산등기부등본을 통하여 부
  동산의 소유권 또는 사용권을 확인할 수 없는 경우에 한합니다)

- 회원을 모집할 계획인 호텔업·휴양콘도미니엄업의 경우로서 각 부동산에 저당권이 설정되어
  있는 경우에는 영 제25조제1항제2호 단서의 규정에 의한 보증보험가입 증명서류

- 「외국인투자촉진법」에 의한 외국인투자를 증명하는 서류(외국인투자기업의 경우에 한합니다) 1부

- 「관광진흥법」 제14조의 규정에 의하여 승인을 얻은 사업계획에 포함된 부대영업을 하기 위하여
  다른 법령의 규정에 의하여 소관관청에 신고를 하였거나 인·허가 등을 받은 경우에는 각각 이
  를 증명하는 서류(제6호 또는 제7호의 서류에 의하여 증명되는 경우에는 이를 제외합니다)
  1부

- 「관광진흥법」 제17조제1항의 규정에 의하여 신고를 하였거나 인·허가 등을 받은 것으로 의
  제되는 경우에는 각각 그 신고서 또는 신청서와 그 첨부서류 1부

- 「관광진흥법」 제17조제1항 각 호에서 규정된 신고를 하였거나 인·허가 등을 받은 경우에는
  각각 이를 증명하는 서류

- 시설의 평면도 및 배치도 각 1부

- 별지 제4호서식의 시설별 일람표 각1부

나. 국제회의기획업 : 관광진흥법 시행령 제5조

· 자본금: 5천만 원 이상일 것

· 사무실: 소유권 또는 사용권이 있을 것

· 제출서류

- 사업계획서 1부

- 신청인(법인의 경우에는 대표자 및 임원)의 성명 및 주민등록번호를 기재한 서류(외국인의 경
  우에는 「관광진흥법」 제7조제1항 각 호에 해당하지 아니함을 증명하는 당해 국가의 정부 기타

권한있는 기관이 발행한 서류 또는 공증한 신청인의 진술서로서 「재외공관공증법」에 의하여
당해 국가에 주재하는 대한민국공관의 영사관이 확인한 서류) 1부
- 담당공무원이 부동산등기부등본을 통하여 부동산의 소유권 또는 사용권을 확인할 수 없는 경
우에 한하여 부동산의 소유권 또는 사용권을 증명하는 서류
- 「외국인투자촉진법」에 의한 외국인투자를 증명하는 서류(외국인투자기업의 경우에 한합니다)
1부
- 관할세무서장 또는 공인회계사가 확인한 등록신청 당시의 대차대조표(개인의 경우에는 영업
용 자산액명세서 및 그 증빙서류) 1부

2. 국제회의산업 현황

국제회의산업은 국제기구 및 국제회의의 개최와 관련된 산업을 의미하므로, 먼저 전
세계의 국제기구 현황과 세계 국제회의 개최 현황을 살펴보고, 우리나라의 국제회의산
업현황을 국제회의 개최현황 및 국제회의시설 현황 등으로 나누어 설명하고자 한다.

1) 국제기구 현황

UIA(Union of International Associations:국제협회연합)의 2000년 기준으로 국제기구
현황을 살펴보면 총 국제기구의 수는 6,177개이다. 이중 아시아지역 국가의 국제기구
가입수와 국제기구의 본부나 지역사무국을 보유한 수를 보면 [표1-1]에서 보는 바와 같
이 일본이 2,185개의 국제기구에 가입했으며, 128개의 국제기구 본부나 지역사무국을
보유하고 있다. 그러나 우리나라는 이스라엘, 인도에 이어 4위로, 가입한 국제기구의 수
가 많으나 국제기구의 본부나 지역사무국의 수는 33개로 적은 편이다. 국제기구 본부나
지역사무국의 보유 유무는 국제회의 개최에 중요한 역할을 하며, 나아가 관광산업은 물
론 국가 발전에 상당한 기여를 하게 된다. 일례로 스위스의 경우는 UN회원국은 아니지
만 UN유럽본부, 유네스코, 유니세프, 유럽경제위원회, 국제전기통신연합, 세계기상기

[표1-1] 국제기구 현황

구 분	가입 국제기구 수	국제기구본부소재 (지역사무국포함)
일본	2,185	128
이스라엘	1,841	30
인도	1,777	80
한국	1,367	33
중국	1,325	13
홍콩	1,141	38
필리핀	1,117	55
말레이시아	1,116	45
인도네시아	1,087	13
태국	1,080	44
싱가포르	1,072	66
대만	1,019	15

※국제기구: 세계기구연맹, 세계기구, 대륙간기구 및 지역기구 만을 대상으로 집계

구, 국제노동기구, 관세 및 무역에 관한 일반협정, 만국우편연합, 유엔무역개발회의 및 국제올림픽위원회 등 이루 말할 수 없는 국제기구 본부가 위치함에 따라 대규모 국제회의가 거의 매일 끊임없이 개최되고 있어 엄청난 수입을 올리고 있다.

(1) 주요 관광관련 국제기구

주요 관광관련 국제기구에는 세계관광기구(WTO), 경제협력개발기구(OECD), 아시아·태평양 경제협력체(APEC), 아시아태평양관광협회(PATA), 미주여행업협회(ASTA), 아시아관광마케팅협회(ATMA), 아시아컨벤션뷰로협회(AACVB), 세계국제회의전문협회(ICCA) 등이 있다.

① 세계관광기구(WTO)

세계 각국 정부기관이 회원으로 가입되어 있는 유일한 정부간 관광기구인 WTO(World Tourism Organization)는 국제관광연맹(IUOTO: International Union of Official Travel Organization)이 1975년에 정부간 협력기구로 개편되어 설립된 것이다. 현재 세계 134개국 정부기관이 정회원으로, 350개 관광 유관기관이 찬조회원으로 가입되어 있으며, 격년제로 개최되는 총회와 6개 지역 위원회를 비롯한 각종 회의 및 세미나

를 개최하고 있다.

WTO는 공신력을 가진 각종 통계자료 발간을 비롯하여 교육, 조사, 연구, 관광편의 촉진, 관광지개발, 관광자료 제공 등에 역점을 두고 활동하고 있으며, 관광분야에서 UN 및 전문기구와 협력하는 중심역할을 수행하고 있다. 우리나라는 IUOTO의 회원이었던 교통부(현재는 문화체육관광부)가 1975년 자동적으로 정회원으로 가입되었고, 한국관광공사는 1977년 찬조회원으로 가입하였다.

② 경제협력개발기구(OECD)

OECD(Oragnization for Economic Cooperation and Development)는 유럽경제협력기구를 모체로 하여 1961년 선진 20개국을 회원국으로 하여 설립되었다. 회원국의 경제성장 도모, 자유무역 확대, 개발도상국 원조 등을 주요 임무로 하고 있으며, 현재 38개 회원국으로 구성되어 있고, 프랑스 파리에 본부를 두고 있다.

조직은 이사회, 사무국 및 24개의 분야별위원회로 구성되어있다. 이 중 관광위원회는 관광분야에 대한 각국의 정책연구 및 관광진흥 정책연구 등을 주요기능으로 하고 있으며, 위원회 산하에 통계작업반을 두고 있다. 동 위원회의 주요사업으로는 관광객 보호 정책개발, 관광산업에 대한 국가지원사업 등이며, 매년 총회, 통계작업회의, 전문가 특별회의 등을 개최하고 있다.

우리나라는 1996년도에 정회원으로 가입하여 1998년에는 OECD 관광회의를 서울에서 개최하였으며, OECD 권고사업의 하나인 관광위성계정(TSA) 개발을 세계 5번째로 완료하였다.

③ 아시아 · 태평양 경제협력체(APEC)

APEC(Asia Pacific Economic Cooperation)은 1989년 호주의 캔버러에서 제1차 각료회의를 개최함으로써 발족하였으며, 정상회의를 개최하는 등 역내 경제협력관계 강화의 구심점이 되고 있다.

APEC의 11개 실무그룹(Working Group) 중 관광실무그룹회의는 1991년 하와이에서 회의를 가진 이후 역내관광발전을 저해하는 각종 제한조치의 완화, 환경적으로 지속가능한 관광발전 등의 주제를 발전시키고 있다.

④ 아시아 · 태평양관광협회(PATA)

PATA(Pacific Asia Travel Association)는 아시아 · 태평양지역의 관광진흥활동, 지역발전 도모 및 구미관광객 유치를 위한 마케팅활동을 목적으로 1951년에 설립되어 현재 39개국의 1,900여개 관광기관 및 업체가 회원으로 있으며, 전세계에 83개 지부가 결성되어있고, 17,000여 지부회원을 가지고 있다.

PATA는 운영본부와 경영본부를 각각 태국 방콕과 미국 오클랜드에 두고 있으며, 4개 지역본부(미주, 태평양, 유럽, 아시아)로 구성되어 있다.

PATA는 또한 연차총회, 관광교역전 및 지속가능한 관광자원 보호를 위한 총회를 개최하고 있으며, 회원들을 위한 마케팅, 개발 및 교육사업과 각종 정보자료 발간사업을 하고 있다.

우리나라는 한국관광공사가 정회원, 문화체육관광부(관광국) 및 지방자치단체(관광과)들이 준회원, 관광업체들이 산업회원에 가입하여 총 54개 기관 · 업체가 PATA 회원으로 가입했으며, 매년 연차총회 및 교역전에 참가하여 세계 여행업계 동향을 파악하고, 한국관광 홍보 및 판촉 상담활동을 전개하고 있다.

⑤ 미주여행업협회(ASTA)

미국지역 여행업자 권익보호를 목적으로 1931년에 설립된 ASTA(American Society of Travel Agents)는 미주지역이라는 거대한 시장을 배경으로, 세계 170개국 26,500여 회원을 거느린 세계 최대의 여행업협회이다.

한국관광공사는 1973년 준회원으로 가입하여 동 기구내 활동을 통해 미주시장 개척의 기반을 다지고 있다.

우리나라는 매년 동시에 개최되는 연차총회 및 트레이드쇼에 업계와 공동으로 한국 대표단을 파견하여 판촉 및 정보수집 활동을 전개하고 있으며, 1979년도에는 ASTA 한국지부가 설립되어 운영되고 있다.

⑥ 아시아관광마케팅협회(ATMA)

ATMA(Asia Travel Marketing Association)는 동아시아국들이 구 · 미주 선진국을 대상으로 마케팅활동을 수행할 목적으로 1966년에 설치하였다. 설립당시부터 회원으로 가입한 우리나라의 한국관광공사를 비롯하여 일본과 태국, 대만, 필리핀의 NTO(국가관광기구)가 정회원으로 되어 있다.

주요활동으로는 구·미주, 대양주 지역에 9개 지부를 두어 현지 여행업자 대상 세미나 개최, 세계유수 관광전시회 참가, 언론홍보, 공동 홍보간행물 제작·배포 등의 마케팅 활동을 전개하고 있다.

⑦ 아시아 컨벤션뷰로협회(AACVB)

AACVB(Asia Association of Convention & Visitor Bureaus)는 아시아지역 국제회의 전문기관 및 관련업체의 협력체제 구축을 위해 한국 및 싱가포르 등 아시아지역 10개국 NTO가 주축이 되어 1983년 설립된 기구로서, 현재 15개국 47개 기관이 회원으로 가입하여 활동하고 있다. 주요활동으로는 국제회의 전문전시회 참가를 통한 공동유치활동 전개, 회원국 공동광고, 전문성 제고를 위한 교육세미나 개최 등이 있다.

⑧ 세계국제회의전문협회(ICCA)

ICCA(International Congress & Covention Association)는 국제회의 산업의 발상지인 구주 중심의 범세계적 국제회의 관련기구로서 1963년도에 설립되어 현재 83개국 600여 단체가 회원으로 가입하여 활동하고 있으며, 본부는 네덜란드에 있다. 주요활동으로는 국제회의와 관련한 각종 정보를 수집·분석하여 회원들에게 배포하고 있으며, 국제회의 유치 및 운영 관련 전문프로그램을 실시하는 한편, 많은 종류의 국제회의 산업분야 책자를 발간하고 있다. 우리나라는 2002년 6월 현재 한국관광공사 등 8개 기관이 가입하여 활동 중에 있다.

2) 세계 국제회의 개최 현황

세계국제회의 개최현황을 UIA(Union of International Associations)의 국제회의 기준에 따른 통계자료를 토대로 살펴보면 다음과 같다. 전세계에서 개최되는 국제회의는 [표1-2]에서 보는 바와 같이 2002년 이후로는 매년 10,000건이 넘게 개최되고 있다. 2006년도의 경우 8,871건으로 나타나고 있으나, 이 수치는 재확인 작업을 통해 발표되는 2008년도 통계에서는 재조정될 것이다. 대륙별로 보면 전세계에서 개최되는 국제회의 중 구주지역에서 절반이상이 개최되고 있으며, 우리나라가 속해 있는 아시아주에서는 전세계 개최건수에 대한 비율이 매년 조금씩 늘어가고 있는 추세이다.

[표1-2] 대륙별 국제회의 개최현황

(단위 : 건)

구분 대륙	2006년		2005년		2004년		2003년		2002년	
	건수	구성비	건수	구성비	건수	구성비	건수	구성비	건수	구성비
아프리카주	399	4.5	469	4.7	534	5.0	545	5.0	525	5.1
미 주	1,640	18.5	2,037	20.3	2,226	20.6	2,352	21.4	2,106	20.3
아시아주	1,353	15.3	1,567	15.6	1,549	14.4	1,309	11.9	1,381	13.3
대 양 주	234	2.6	285	2.8	340	3.2	339	3.1	339	5.1
구 주	5,245	59.1	5,692	56.6	6,136	56.9	6,445	58.6	5,998	58.0
계	8,871	100.0	10,050	100.0	10,785	100.0	10,990	100.0	10,349	100.0

※개최지가 확인되지 않은 국제회의는 제외

[표1-3] 국가별 국제회의 개최현황

(단위 : 건)

구 분	2006년		2005년		2004년		2003년	2002년
	순위	건수	순위	건수	순위	건수	건수	건수
미국	1	894	1	1,157	1	1,286	1,285	1,168
프랑스	2	634	2	649	2	646	756	703
독일	3	434	3	451	3	565	552	543
네덜란드	4	391	7	362	10	290	313	306
오스트리아	5	382	8	324	9	296	299	275
스페인	6	362	6	411	6	420	427	431
영국	7	350	3	451	4	451	502	493
핀란드	8	325	20	135	19	168	195	183
이탈리아	9	324	5	427	5	429	535	437
싱가포르	10	298	16	184	22	159	125	142
스위스	11	288	9	291	7	359	361	378
벨기에	12	239	10	283	8	337	346	364
캐나다	13	230	12	237	13	248	251	276
중국,홍콩,마카오	14	204	11	243	11	267	138	187
호주	15	202	13	214	12	253	255	248
한국	16	185	14	192	18	169	93	127
스웨덴	17	176	17	183	16	187	260	184
일본	18	166	14	192	14	232	255	235
그리스	19	136	18	150	17	170	186	151
포르투갈	20	118	21	134	20	161	144	156

[표1-4] 도시별 국제회의 개최현황

(단위 : 건)

구 분	2006년		2005년		2004년		2003년	2002년
	순위	개최건수	순위	개최건수	순위	개최건수	개최건수	개최건수
파리	1	363	1	316	1	266	318	309
빈	2	316	2	252	3	226	202	195
싱가포르	3	298	4	184	5	159	125	142
브뤼셀	4	179	3	217	2	238	231	249
제네바	5	169	6	169	4	211	212	198
헬싱키	6	140	25	61	19	81	98	83
바르셀로나	7	139	5	171	7	155	136	143
런던	8	118	7	154	6	157	174	167
암스테르담	9	117	10	104	13	111	93	112
뉴욕	10	93	8	135	14	105	118	115
서울	11	89	10	104	11	113	58	84
프라하	12	88	18	88	17	98	107	86
부다페스트	13	88	9	111	9	127	97	92
몬트리올	14	87	21	74	24	68	73	89
베를린	15	84	13	101	9	127	124	122
코펜하겐	16	83	12	103	8	147	126	162
스톡홀름	17	83	15	90	18	90	109	96
베이징	18	80	18	88	15	100	44	60
마스트리흐트	19	77	20	85	n/a	24	48	27
마드리드	20	75	27	51	19	81	93	90

국가별로 보면 [표1-3]에서 보는 바와 같이 2002년부터 2006년까지 1위부터 3위까지 미국, 프랑스, 독일 순으로 변동이 없다. 그러나 영국이나 이탈리아의 경우는 점점 그 개최비율이 감소하고 있는 반면, 핀란드와 싱가포르의 경우는 작년 괄목할 만한 성장세를 보이고 있다. 우리나라의 경우는 2004년 169건으로 18위였고, 2005년 192건으로 14위, 2006년에는 185건으로 16위를 나타내어 아시아권에서는 중국 다음으로 많은 국제회의를 개최하고 있다.

도시별로 보면 [표1-4]에서 보는 바와 같이 최근에도 역시 국제기구나 협회 본부나 지역본부 등이 있는 파리나 브뤼셀, 빈 등이 선두권을 유지하고 있으며, 특히 싱가포르와 헬싱키의 경우는 괄목할 만한 성장을 하고 있다. 우리나라 서울의 경우에는 아시아권에서는 싱가포르에 이어 두 번째로 국제회의가 많이 개최되고 있다. 전세계에서는 1998년도

[표1-5] 국제회의 참가규모별 현황

(단위 : %)

구 분	2006년	2005년	2004년
100명 이하	18.19 (632건)	14.40 (300건)	19.47 (393건)
101~500명	43.60 (1,515건)	50.62 (1,055건)	49.53 (1,000건)
501~1,000명	19.51 (678건)	17.71 (369건)	16.74 (338건)
1,001~3,000명	14.99 (521건)	12.09 (252건)	10.15 (205건)
3,001명 이상	3.68 (128건)	5.18 (108건)	4.11 (83건)

의 37위에서 2000년에 20위, 2004년 이후는 10위권으로 급상승하고 있으며, 표에는 없지만 2006년도에 부산과 제주가 각각 37건, 33건으로 41위와 47위를 차지하여 2004년부터 약진을 하고 있다.

이들 국제회의에 참가하는 참가자들의 규모별로 그 분포를 살펴보면 [표1-5]에서 보는 바와 같이 101명 이상, 500명 이하의 국제회의가 주류를 이루고 있으나 참가자가 500명이 넘는 국제회의가 점점 그 비율이 증가되어 가고 있다. 2006년에는 1,001명 이상이 참가한 회의가 2005년도에 비해 2.9%가 증가한 반면, 3,001명 이상이 참가하는 국제회의가 전체에서 차지하는 비중은 다소 줄었으나 개최건수가 증가하고 있어 국제회의장의 대형화가 필요한 것으로 나타나고 있다.

3) 우리나라 국제회의산업 현황

우리나라의 국제회의산업은 최근 들어 활기를 띠고 있으나 아직도 용어의 통일이나 국제회의시설 등이 다소 취약한 편이다. 우리나라는 국제회의의 유치를 촉진하고 그 원활한 개최를 지원하여 국제회의산업을 육성·진흥함으로써 관광산업의 발전과 국민경제의 향상 등에 이바지함을 목적으로 1996년 12월 30일에 법률 제5210호로 「국제회의산업 육성에 관한 법률」을 제정하여 1997년 4월 1일부로 시행하였다. 그리고 국제회의산업을 관장하는 문화체육관광부는 관광진흥 10개년 계획의 하위개념으로 1998년부터 2005년까지의 국제회의산업육성 기본계획을 수립하여 이를 시행하였다.

최근에는 문화체육관광부를 중심으로 하여 중앙전담기구인 한국관광공사 코리아컨벤션뷰로, 광주 등 지방 컨벤션뷰로와 함께 국제회의 유치 및 마케팅 활동을 펼치고 있다. 2007년도에는 2012 여수세계박람회를 유치하는 등 심혈을 기울이고 있으며, 제주 및 부산, 대전에 컨벤션센터를 비롯하여 송도컨벤시아 등 컨벤션 기반시설을 확충하였다.

[표1-6] 연도별 국제회의 개최현황 (단위 : 건)

구 분	국제회의	전시회	계
1997	248	104	352
1998	267	93	360
1999	287	112	399
2000	292	117	409
2001	294	128	422
2002	296	130	426
2003	298	154	452
2004	302	160	462
2005	306	213	519
2006	420	193	613

※기준: 3개국이상의 외국인이 10명 이상 참가하고 1일 이상 개최

또한 컨벤션기획사 자격제도 도입 등 국제회의산업의 인프라 조성 및 전문인력을 양성함으로써 고부가가치 국제회의산업을 육성을 통한 관광한국의 위상을 제고하고자 노력하고 있다.

(1) 우리나라의 국제회의 개최현황

우리나라의 국제회의 개최현황을 한국관광공사의 자료를 토대로 살펴보면 [표1-6]에서 보는 바와 같이 1997년도에 국제회의가 248건, 전시회는 104건 개최되어 총 352건이 개최되었으나, 그동안 대규모 회의시설 등의 신설 및 확충으로 인해 2006년도에는 국제회의가 420건, 전시회 등이 193건으로 총 613건이 개최되어 괄목할만한 성장을 가져왔다.

국제회의가 개최된 지역별로 보면 2006년도 기준으로 보면, 서울특별시(191건, 45.48%), 부산광역시(82건, 19.52%), 제주특별자치도(79건, 18.81%) 대전광역시(18건, 4.29%), 대구광역시(15건, 3.57%), 등의 순으로 나타났다. 그동안 서울에만 편중되어 개최되던 국제회의가 지방에 국제회의시설 및 인프라가 확충됨으로써 분산 유치되어 개최되고 있음을 보이고 있다.

(2) 국제회의시설 현황

우리나라의 국제회의시설은 전문 국제회의장이 개관되기 전에는 모든 국제회의가 대회의장을 보유한 특급호텔을 중심으로 개최되었다. 현재 국제회의시설은 2000년에 확장 개관한 국내 최초의 전문 국제회의장인 대회의실 7,000명과 전시장 36,027㎡ 규모인 COEX가 개관한 이래 부산광역시 벡스코 및 대구전시컨벤션센터, 제주국제컨벤션센

터, 킨텍스, 김대중컨벤션센터, 창원컨벤션센터, 대전국제컨벤션센터 등이 개관하였으며, 최근 인천 송도컨벤시아가 완공되었다. 그리고 전문전시장으로 서울무역전시컨벤션센터와 aT센터, 대전무역전시관 등이 있다.

(3) 국제회의 관련업체 현황

① 국제회의기획업체

국제회의기획업체(Professional Congress Organizer: PCO)는 국제회의 주최 측으로부터 회의와 이벤트 등 각종 업무를 위임받아 이를 기획하고 운영하는 업체를 말한다. 국제회의 주최 측이 스스로 회의를 기획하고 운영할 수도 있지만 정규직원으로 한시적인 업무를 수행하기는 수월하지가 않으며, 전문지식의 부족 등으로 많은 시간과 경비 등을 허비하게 될 수도 있고, 회의 종료 후 직원의 배치 문제 등 여러 가지 문제점이 발생한다.

이러한 문제점을 해결해 주는 업체가 바로 국제회의에 대한 Know-How와 인적자원을 보유한 국제회의기획업체이다. 국제회의기획업체는 계획수립에서부터 회의의 목표와 목적을 명확하게 수립하고, 회의 성공에 장애가 되는 요인을 정확하게 지적해 주고, 목표 달성을 위한 방법에 대한 조언을 해 준다.

우리나라에는 2007년 현재 163개의 국제회의기획업체가 있으며, 이들 대부분은 서울에 위치하고 있다. 국제회의기획업체를 선정함에 있어 회의의 규모나 성격 등과 예산 등을 고려하여 국제회의기획업체가 단순히 많은 국제회의 개최한 경험이 있다고 선정할 것이 아니라 한번이라도 국제회의에서 처리한 업무범위가 어느 정도인가를 파악하여 선정하는 것이 바람직하다.

② 여행사

대부분의 국제회의는 회의 전후 관광 및 동반자관광 등 관광프로그램이 포함되어 있어 여행사 선정은 반드시 필요하다. 우리나라의 여행사는 셀 수 없이 많으나 영세한 업체가 많고, 대부분의 국제회의기획업체는 여행사를 함께 운영하거나 파트너 등의 긴밀한 관계를 유지하고 있는 업체가 많다. 그러므로 문화체육관광부나 한국관광공사 등의 추천을 받거나 국제회의 기획업체와 상의하여 결정하면 된다.

③ 의료기관

국제회의 기간 중에 반드시 필요한 부분이 의료기관이다. 국제회의의 참가자는 세계 각국으로부터 온 사람들이므로 식생활과 기후 등이 달라 신체 이상이 나타날 경우를 대비해야 한다. 국제회의를 자주 개최하는 회의장이나 호텔에는 자체 의무요원이 있는 경우가 많아 별 문제가 없지만, 없는 경우는 사전에 대학병원 등 공공병원에 지원요청을 하면 된다.

④ 기타업체

통역업체는 대규모회의나 중요한 회의의 경우는 국제회의통역사협회나 국제회의 경험이 많은 대학교수를 찾아가 추천을 받아 선정하면 되고, 중소규모의 경우는 한국관광공사나 국제회의기획업체의 도움을 받아 선정하면 된다.

인쇄업자 및 인테리어업자 등은 회의장 또는 호텔과 거래하고 있는 업체를 선정하면 시간과 비용을 절약할 수 있다.

또한 전시기획업체나 전시장치업체는 국제기구가 추천한 외국업체와 우리나라 업체가 공동으로 하는 경우를 제외하고는 한국관광공사의 추천을 받아 선정하면 무리가 없다.

그리고 이벤트업체나 공연단체, 인력파견업체 등, 기타 국제회의 개최에 필요한 업체 선정 등은 국제회의기획업체에 의뢰하면 된다.

제3장 국제회의 유치 및 개최

1. 국제회의의 유치

국제회의 중 유엔, 유엔전문기구 및 기타 정부간 기구의 총회, 이사회 등은 통상적으로 해당기구의 사무국 소재지에서 개최된다. 그러나 일부 국제기구의 총회 또는 지역회의는 순번에 의하거나 유치 희망국의 요청에 따라 사무국 소재지 이외의 국가에서 개최될 수 있다. 국제회의는 정기 또는 부정기적으로 개최되며, 대규모 국제회의는 대개 주기적으로 개최된다.

또한 국제회의 개최지 결정은 대부분 전전회의 시 결정되므로 국제회의를 유치하기 위해서는 그전에 유치 의향서 등을 국제기구에 제출해야 한다. 국제회의를 개최하기 위해서는 국제회의 준비에 필요한 조직위원회 구성 시 유관기관을 빈틈없이 선정하고, 필요한 지원사항이나 준수사항 등을 사전에 협의하여 회의 진행 중 발생 가능한 제반문제를 미연에 방지해야한다.

우리나라는 2000년대 초반까지만 해도 우리나라는 국제회의시설이 미비하여 대규모 회의를 유치하는 데 실패한 경험도 가지고 있다. 그러나 이제는 국제회의 기반시설이 어느 정도 확충되었으므로 국제회의를 유치하기 위한 국제회의 전문 인력을 양성하기 위한 지속적인 노력과 적극적인 마케팅 활동이 필요한 시기이다. 또한 정부 측에서도 국제기구본부 및 지역본부(사무국 포함)를 적극 유치하도록 노력해야 할 것이다.

1) 국제회의 유치 방식

국제회의의 유치방식에는 특정국가 1개국만을 초청하여 개최하는 회의와 아시아태평양지역회의와 같이 특정지역에 한정해서 초청하는 Closed bidding방식, 전세계를 대상으로 의향서를 받되 그중 몇 몇 국가를 선정하여 우선 협상하는 Limited Open bidding 방식 그리고 전세계 회원국을 상대로 개방하는 Complete open bidding 방식이 있다.

2) 국제회의 유치 절차

· 국제기구 등의 본부로부터 입후보 신청서 접수
· 입후보조건 및 유치타당성 검토
· 국제기구 등에 가입한 국내 단체 및 협회의 국제회의 유치결정
· 국제행사 개최계획서 제출(10억원 이상의 국고지원이 필요한 국제행사주관기관에 한하며 최초로 국고지원이 필요한 연도의 전년도 3월말까지 국무총리소속하의 국제행사심사위원회에 제출해야하며, 사전에 국제기구 등에 유치의향서 등을 제출할 필요가 있는 경우는 제출 전에 당해 국제행사개최계획서를 위원회에 제출하여야 함: 국제행사의 유치 · 개최 등에 관한 규정)
· 국제기구 본부 및 개최장소 결정권자에 공식 및 비공식으로 국내유치의향서 및 유치계획서 제출
· 입후보
· 국제회의 유치활동
· 국제기구 등의 본부 임직원의 국제회의 개최 신청 장소에 대한 현지 답사
· 국제기구 등의 국제회의 개최지 결정 (공식서한 통보)

3) 국제회의 유치 요령

국제회의를 유치하기 위해서는 우선 전세계의 국제기구 및 그에 가입한 국내의 협회

나 단체현황을 파악하고, 우리나라에서 개최된 적이 없거나 개최된 지 오래된 회의 등 유치가능성이 높은 국제회의를 선정한 후, 선정된 국제기구의 국내 협회나 단체에 국제회의 유치의향과 개최능력 여부를 확인한다.

확인이 되면 해당 국제기구로부터 유치에 관련된 제반사항을 입수하여 분석한 후 그 절차에 맞춰 유치계획을 수립하고, 해당 국제기구에 유치의향서 또는 유치계획서 등의 제안서를 제출한다. 그리고 국제회의 개최지 선정에 영향력을 행사할 수 있는 이사국 및 회원국에 협조요청을 해야 하며, 국제기구 소재 우리나라 대사관 및 영사관, 민간단체 등을 통하여 로비활동 등을 전개하는 등의 치밀하고도 조직적으로 유치활동을 국제기구에서 개최지가 확정될 때까지 최선의 노력을 경주해야 한다.

4) 국제회의 유치 지원기관

우리나라는 문화체육관광부 관광국과 한국관광공사 컨벤션뷰로에서 국제회의 유치활동 및 국내 개최 국제회의 운영지원 등을 지원해 주고 있다. 컨벤션뷰로에서 지원해 주고 있는 사항을 세부적으로 살펴보면 다음과 같으며, 국제회의를 준비하는 개최국의 조직위원회는 국제회의 개최 준비 시 긴밀한 협조 하에 최대한 이를 활용하여야 할 것이다.

① 유치가능 국제회의 발굴
· 국제회의 유치의향조사 및 국제기구 자료에 의한 유치가능 국제회의 조사 등

② 국제회의 유치에 대한 원스톱서비스 제공
· 국제회의 유치절차 안내 및 자문
· 유치제안서 작성 및 환영서신 제공
· 보조금 지원
· 한국홍보간행물 제공 및 비디오 대여
· 한국홍보영상물 상영 및 한국홍보데스크 운영 지원
· 공사해외지사망을 통한 유치 지원

③ 국내 개최가 확정된 국제회의 주관단체에 대한 지원
· 참가자 유치증대를 위한 사전홍보 및 당해연도 개최지원(각종 정보 및 한국홍보물
   제공과 보조금 지원 등)

④ 해외 홍보선전
· 국제회의 전문전시회 참가
· 컨벤션전문지 광고게재 및 기사화
· 유관인사 방한 초청지원
· 홍보간행물 제작 및 배포 등

⑤ 국제회의산업 육성 및 인력양성
· 국제회의산업전 개최
· 지방 국제회의세미나 개최
· 해외 전문교육 참가 지원
· 국내 국제회의전문가 교육 실시

⑥ 정보 수집 및 제공
· 국제회의 관련정보 및 DB 정보 제공
· 국제회의 개최 실적 및 계획 조사
· 컨벤션 캘린더 및 개최현황 발간 및 배포

⑦ '한국컨벤션협의회' 사무국 운영

2. 국제회의의 개최

국제회의 유치가 결정되면 바로 유치위원회가 설립되어 있는 경우는 그 명칭을 국제
회의 조직위원회 또는 준비위원회 등으로 규모나 참가자의 수 등에 맞게 변경하고, 유
치위원회가 없을 경우에는 국제회의 조직위원회 또는 준비위원회(이하 조직위원회라고

함)를 구성하여 국제회의 개최를 준비해야 한다. 이 책에서는 일정규모 이상의 국제회의를 기준으로 설명할 것이다. 국제회의를 개최하기 위한 주요 기획내용은 다음과 같다.

1) 조직위원회 구성

개최지로 확정되어 국제기구로부터 공식서한을 받으면 바로 조직위원회를 구성해야 한다. 조직위원회는 국제회의의 규모나 성격에 따라 주로 주요 정책을 결정하거나 자문, 지원 등의 역할을 하는 의사 결정기구와 실무조직인 사무국 및 각 분야별 책임조직 등으로 나눌 수 있으며, 규모가 작을 경우에는 조직위원회 자체가 실무조직이 되기도 한다.

조직위원회는 국제기구본부와 함께 국제회의를 준비해 나가야 하며, 국제기구 본부와 국제회의 개최 계약을 체결해야 한다. 조직위원회는 조직위원장과 실무조직인 사무국 및 각 분야별 책임조직으로 나눌 수 있다. 이와 별도로 국제회의의 격을 상승시키고, 홍보를 강화시킬 수 있는 명예직 등을 둘 수 있으며, 실무에 필요한 지원 또는 자문을 구하거나 회의를 원활하게 진행할 수 있도록 언론사나 정부기관, 경찰청 등의 지원협의회 등을 구성할 수도 있다.

국제기구가 개최하는 대부분의 국제회의는 본부 측 사무국의 준비위원회(Organizing Committee)와 그 회의를 유치한 개최국의 조직위원회(Host Committee)가 준비업무를 분담하여 상호 협의·조정하며 공동으로 추진하게 된다. 본부 측 사무국은 주로 회의프로그램 편성과 의제 선정, 참가자격 결정, 발표자 및 소회의 의장 선정, 회의내용 및 대표단 활동 기록 등 주로 회의 운영 전반에 관한 준비를 담당한다.

개최국의 사무국은 참가자 편의를 도모하기 위한 항공편 확보, 회의장과 숙박시설, 전시장 등의 확보, 관광, 연회 및 사교행사 등의 이벤트행사 준비 등을 주관하게 된다. 개최국의 조직위원회는 회의개최를 위한 회의장 확보, 제반설비, 관련요원(통역사, 안내요원) 확보, 숙박 협조, 수송, 각종 사교행사 및 관광 등을 맡는다.

각 위원회의 소요 경비는 국제기구와 개최국이 각각 분담하지만 경우에 따라서는 사무국 측의 경비를 개최국에서 일괄 부담하는 예도 있으므로 상호 협의 시 분명하게 결정해 두는 것이 좋다. 개최국의 조직위원회는 통상 사무국과 분야별로 책임조직(분과위원회 또는 팀, 반 등)으로 구성된다. 분야별 책임조직은 국제회의의 규모나 성격 등 상황에 따라 다양하게 구성할 수 있다. 일반적인 명칭과 주요 담당업무는 다음과 같으며, 자세한 사항은 각 분야별로 뒤에서 설명할 것이다.

(1) 사무국(Secretariat)

개최국 조직위원회 사무국의 업무를 시기적으로 나누면, 회의 준비기간 중에는 국제기구사무국과의 연락, 조직위원회 보좌 및 각 분과 위원회의 준비 업무를 조정하며, 회의기간 중에는 서무를 담당하고, 회의종료 후에는 잔무정리 및 사후처리를 맡는다.

① 사무국 설치

사무국을 조직하기 전에 먼저 예상업무량을 파악할 필요가 있다. 단계별 추진계획에 의한 조직적 활동계획을 세우는 것이 중요하며, 세부적 업무 추진량에 따라 인원을 충원한다. 회의의 규모에 따라 차이는 있으나 처음에는 기획요원 3~4명으로 준비를 개시하고, 회의가 임박함에 따라 차차 증원을 하게 되므로 충분한 공간의 사무실을 확보해 두는 것이 좋다.

② 인원 구성

국제회의 준비는 대체로 장시간의 노력을 요하게 되므로 인적구성에 있어서 관련업계로부터 차출된 인원 및 해당분야 전문가, 주관부서 직원이 가장 핵심적인 구성원이 된다. 국제회의를 주관할 여력이 없는 경우에는 국제회의기획업체(Professional Congress Organizer)를 이용할 수도 있다.

③ 사무국의 일반적 기능
· 회계 및 행정 절차의 수립
· 회의준비와 관련된 각 분야 책임자와의 협조 조정 및 행정사무 지원
· 준비 및 진행사항에 대한 보고
· 소요물자의 조정 및 조달
· 회의준비용 사무기기, 비품, 집기 및 사무용품의 확보 및 관리
· 각종 준비를 위한 실무자 회의 개최 및 결과처리 업무
· 조직위원회 위원, 행사요원 및 기타 동원인원의 확보
· 회의준비 추진일지 및 각종 회의록의 기록 유지
· 지원위원회 위원, 고용원, 사무국 유급요원에 대한 인사 급여 관리

· 국제기구 사무국과의 연락업무 및 행정처리
· 통신시설의 확보 및 설치
· 기타 부속 설비에 관한 사항

(2) 분야별 업무

분야별 업무는 조직위원회의 규모에 따라 그 분야를 통합하거나 분리할 수 있다. 여기서는 제2편의 내용에 준하여 구분을 하되, 인력분야는 거의 사무국이나 기획팀 등에서 관리하므로 생략한다.

① 예산분야
· 예산 편성 및 확보
· 자금집행계획 수립
· 자금 조달 및 운용
· 운영자금 수납, 관리 및 제경비의 지출
· 물품의 조달계획 및 출납관리
· 결산보고서 작성
· 기타 회계 및 재무에 관한 업무

② 회의분야
· 프로그램 편성 및 강연내용 등에 관한 국제기구 사무국과의 협의
· 초청연사 선정에 관한 국제기구 사무국과의 협의
· 연설문, 발표문, 공동성명서 등의 접수, 배포 및 편집
· 회의진행 전문요원의 확보 및 관리(사회자, 동시통역사, 속기사 등)
· 프로그램의 편집
· 개 · 폐회식 기획 진행
· 각종 회의장 확보
· 기타 회의 및 회의장에 관한 업무

③ 홍보분야
· 국내 및 해외에 대한 홍보선전

· 선전간행물 제작
· 기자회견 준비
· 언론인 초청 및 기자실 관리
· 보도자료(Press Release) 배포
· 기타 홍보 및 선전에 관한 업무

④ 의전분야
· 출입국 편의 제공: 국외 VIP 및 참가자
· 환영송 안내데스크 설치 운영
· 안내표지물 제작 및 부착
· 주요행사의 영접 안내
· 기타 영접에 관한 업무

⑤ 등록분야
· 회의참가자의 접수
· 신임장(Credential) 접수
· 참가자 명단 작성
· 등록데스크 설치 운영
· 각종 준비물, 안내서 제작
· 기타 등록에 관한 일체의 업무

⑥ 연회분야
· 각종 연회계획 및 주최자와의 연락
· 각종 연회의 초청장 작성 및 발송, 참가여부 확인
· 연회장소 확보
· 연회 이벤트행사 계획 수립
· 안내 데스크 운영
· 기타 연회행사에 관한 업무

⑦ 숙박분야

· 사용호텔의 결정 및 객실 확보

· 숙박요금의 결정

· 각 호텔별 객실배정 및 조정관리

· 각 호텔과의 연락 조정

· 숙박데스크 설치 운영

· 기타 숙박에 관한 일체의 업무

⑧ 수송분야

· 수송계획의 수립

· 국제, 국내 수송기관과의 연락

· 교통 통제소 및 항공예약 데스크 설치 운영

· 기타 수송에 관한 일체의 업무

⑨ 관광분야

· 회의 전후 관광 종합계획 수립

· 관광데스크 설치 운영

· 관광 선전물 및 제작물의 작성

· 관광지 환영행사 주선

· 문화행사와 스포츠행사의 실시 계획 및 연락 조정

· 동반자(부인, 자녀 등)행사 실시

· 기타 관광에 관한 업무

⑩ 전시 분과위원회

· 전시에 관한 종합계획 수립 및 운영

· 전시관 설치 운영(기본 부스 할당 및 판매, 안내책자 발행 등)

· 전시품 통관 편의 제공

· 기타 전시에 관한 업무

관계기관 협의사항

· 외교통상부: 각국의 국제회의 관련 고위공직자 및 VIP 등 참석 유도

· 법무부

  - 신속한 입국사증 발급(입국장에서의 현장 발급 포함)

  - 입국심사 시 편의제공 및 VIP 대리수속 허용

· 국토해양부(인천국제공항공사 및 한국공항공사)

  - 공항 귀빈실 사용 및 기자회견 협조

  - 공항내 안내데스크 및 안내표지판 설치 · 운영

  - 공항시설물(주차장 등) 이용

· 국정홍보처

  - 해외 홍보원 및 해외 언론을 통한 회의 홍보

  - 국내 주재 외국기자들의 취재 및 보도 지원

  - 국내 각종 행정 간행물 및 홍보방송을 이용한 홍보

· 관세청: 전용심사대 및 안내표지판 설치 · 운영

· 경찰청

  - VIP 및 특수국가 참가자 경호

  - 회의장 및 행사장 경비

  - 행사차량 에스코트 및 교통 통제

· 서울특별시: 홍보탑 및 현수막 등 설치

2) 국제회의 준비계획서 작성

국제회의를 유치가 확정되면 국제기구 및 협회 등의 본부와 개최국 조직위원회 간에 국제회의 전반에 관한 서로의 의무사항 및 권리사항 등을 포함한 국제회의 준비계획서를 작성하여야 한다. 이렇게 작성된 국제회의 준비계획서는 국제회의를 개최하는데 필요한 기본지침서가 되며, 이 내용은 국제회의를 개최하는데 따른 모든 분쟁의 소지를

막을 수 있을 뿐만 아니라 서로의 책임을 명확히 하기 때문에 혼란을 피할 수 있다.

국제회의 준비계획서를 작성할 때는 모든 내용을 세심하고도 신중하게 검토하여 결정해야한다. 세계총회와 지역총회를 동시에 개최할 때를 가상하여 국제회의 준비계획서를 작성하여 보면 다음과 같으며, XXX는 국제기구 또는 협회 등을 말하고 세부사항은 Annex로 작성하면 된다. 그리고 Time-table은 이 장의 맨 마지막 부분인 "4) 국제회의 준비일정 및 역할분담"을 참고하면 된다.

※ 참고사항

국제회의 준비계획서

1. GENERAL ORGANIZATION OF THE CONGRESS

1-1 Place

Decides by World Board of XXX Member who offers to host the Congress: Directorate of ......

1-2 Dates & Program

The dates of the Congress are decided by the World Board of XXX after proposal from the host and after a survey has been made the Directorate General of XXX of the calendar of the other international and/or regional meeting of XXX and of other major organizations.

1-2-1 Duration

With an exception to the host countries for which the week does not end on Sunday, Congresses open on Tuesday morning and close on Friday evening. A meeting of the World Board, usually takes p[lace on Sunday or Monday proceeding the opening day of the Congress. A special Regional meeting can organised on that same Monday by the Region the host belongs to. This "Regional day" plays the role of the Annual Conference and Regional Assembly of the Region involved.

1-2-2 A draft outline scheme for the programme is proposed in Annex...... .

1-3 Theme

The theme of the Congress is decided by the World Board after a proposal from the host and after a survey is made by the Directorate General.

1-4 Session Chairman and Speakers

It is the task of the host, and of the World Board of XXX to assist the Directorate General of XXX in searching for Chairman and Speakers.

1-5 Preparation of the Congress

The Directorate General if responsible before the World Board for the preparation of the programme and the general organization of the Congress.

Because of the time necessary to prepare the Congress itself, to work-out the working papers and product these documents in three language, it is a strong need to follow the time table prepared in co-operation by the Directorate General and the host. A typical time table forms Annex...... .

Two preparatory visits are made, on the spot, by representatives of the Directorate General. The host will endeavor to obtain travel and accommodation facilities for them.

1-6 Participation

The Annual Congress of XXX is open to any person who wishes to attend, provided they have paid corresponding registration fees (see paragraph 1.8.3)

The General Assembly is open only to XXX members.

1-6-1 Delegates and accompanying persons

Experience has shown that the number of delegates is normally 300 to 500; 100 to 200 is an average number of accompanying persons.

1-6-2 XXX HQ's staff, interpreters

The number of XXX HQ's staff is about 8.

Interpreters are 6 (3 languages) or 8 (4 languages). Searching for interpreters and payment for their services is the responsibility of XXX.

1-7 Opening of the Congress

1-7-1 Personalities to be invited

The host will make proposals in good time to the Directorate General of XXX (see typical time table Annex...... in order to establish the list of the local personalities to be invited to the Opening Session of the Congress.

1-7-2 Protocol

This list should contain, not only the names, but the order of precedence and formal titles to be used in writing or in conversation and speeches.

1-8 Accommodation and registration to the Congress

1-8-1 Hotel selection

Selecting the hotels is the responsibility of the host. XXX will ensure that the proposed tariffs are reasonable. It should endeavor to obtain free accommodation for the XXX HQ's staff (usually 1 free room 30 rented to delegates). For practical reasons (room reservations and transport) it is preferable to select one hotel only, close to the Congress premises or, even better, an hotel equipped with meetings facilities (Regional Day, Congress, General Assembly, World Board). In the case of only one hotel being selected, the delegates make their hotel reservation directly to the hotel.

If several hotels have to be selected, the host, or a travel agency selected by him, may be preferred for being responsible for co-ordinating the reservations.

In all cases, delegates will be informed that XXX should not been liable to solve a dispute between a delegate and the organization in charge of co-ordinating(or dealing with)the reservations.

A first indication about the number of rooms to be blocked is given by XXX approximately 18 months prior to the Congress.

The hotel or the travel agency fix a "cut off date" from which they are free to use the non-reserved rooms as they wish.

1-8-2 Congress registration and hotel reservation forms

The Congress registration forms have to be prepared by XXX. The hotel reservation forms are the responsibility of the organization involved (hotel-host-travel agency.....).

The latter will address a sufficient number of copies these forms to reach XXX at the date mentioned on the time table (Annex......). XXX will be responsible for including these hotel reservation forms in the documentation sent to the potential delegates.

Registration and hotel reservation forms shall be made as simple as possible. Also no doubt should exist about addressee of each separate copy of the form.

An example of a typical registration form to be adapted to each Congress forms Annex....... .

An example of a typical hotel reservation form to be adapted to each Congress forms Annex......

1-8-3 Registration fees

The amounts of the registration fees is decided by the World Board following a proposal made by the XXX Directorate General.

Total amount of the registration fees is calculated to cover the expenses which are not the responsibility of the host, in particular simultaneous interpretation, publication of working papers in several languages and closing dinner.

A special discount is granted to delegates registering before a certain date mentioned on the registration form (see time table-Annex......).

According to an established custom, the following persons are exempt from paying registration fees:

· Chairmen, moderators and speakers belonging to organizations which are not members of XXX

· XXX staffs

· Delegates(up to 20)designated by the host

· Honorary members of XXX

1-8-4 General information

The host shall provide XXX on due course (see time table-Annex......) with all necessary information for the stay in its country. Detail of this information forms Annex....... .

1-9 Welcome and Registration of the delegates

1-9-1 Welcome Service at the airport

A welcome service is provided at the airport by the host. Details concerning this item have to be worked out by XXX and the host of the Congress.

It is of prime importance that the delegates be directed without possible error to a meeting point where information, in the language(s) to be used during the Congress, about transport to hotel(s) and any initial assistance in case of Congress, difficulties encountered over immigration, customs formalities or lost property can be obtained.

1-9-2 Registration

XXX is responsible, with the assistance of the host, for delegates' registration and collecting the registration fees (for those not having already paid it). The registration starts the day before the Conference.

After paying his registration fees, or after confirmation of an earlier payment, each delegate is given a badge allowing him to enter the Conference room and to take part in all activities and receptions organised during the Congress. He also receive the appropriate documentation relevant to the Congress (programme, vouchers, working papers, invitations, etc.).

1-9-3 Welcome Service on site

If reception level is different to Congress level-make provision for a welcome desk in reception area.

1-10 Transport

A shuttle service is to be supplied by the host between the airport and the hotel(s).

Minibus is to be put at the disposal of XXX staff in case the Congress would not be held in the same hotel the staff is accommodated.

The host is also responsible for organizing transport between the hotel(s) and the Conference room, and the different events which take place on the occasion of the Congress.

It is essential that a full-time transport co-ordinator be appointed by the host, and that detailed and accurate transport schedules be distributed upon arrival to the delegates and displayed in the hotel(s).

XXX will provide the host in due time(see time table) with a draft transport planning.

1-11 Conference Room

The host is responsible for supplying the following facilities and equipment in accordance with the needs expressed by XXX

· One Conference room equipped with:

  - Simultaneous translation equipment (3 or 4 languages)

  - Sound and recording systems

  - Audio-visual equipment corresponding to the requirements of the speakers.

· Ancillary room for the XXX Secretariat for storage and sorting of materials and equipment.

· Press office in close proximity to the Conference Room.

· Rooms for the working Committees.

· Registration desk in close proximity to the Conference Room.

· A Welcome/Information desk at the main entrance level of the hotel or Conference Center.

· Message Board

· Panel showing by country delegates present

· Individual pigeon-holes for distributing documents to the delegates (behind the registration desk if possible)

· Office and reproduction equipment

1-12 Social events linked to the Congress

1-12-1 Welcome reception

A welcome reception in the form of a cocktail party, offered by the host, preferably on the evening prior to the opening of the Congress or on the evening of the first day of the Congress.

1-12-2 Social day/afternoon

A social day may be organised by the host consisting of an excursion of sightseeing of a day or half a day.

1-12-3 Closing Dinner

A Closing Dinner offered by XXX, given on the last evening of the Congress. The assistance of the host is required for selecting the place, menu, the orchestra and arrangements according to local facilities. Number of persons external to XXX to be invited to this function and sharing the expenses resulting from these invitations is to be discussed by the host and XXX.

1-12-4 Reception given by the host of the next Congress

A reception offered by the host of the next Congress to follow. Date and venue are to be discussed by the future host in conjunction with the host of the present Congress and XXX. Necessary assistance is given by the present to the future host.

1-12-5 Special programme for accompanying persons

It is customary for the host to organize a special programme for accompanying persons. Details are left to the responsibility of the host.

It is in any case recommended that accompanying persons may find in their hotels, all necessary information which could facilitate their stay in the country.

1-13 Press

1-13-1 During the period which proceeds the Congress, the host will endeavor to make this event known and to give to the press all details about the programme of the Congress and the aims of XXX.

To this aim, the host will address in good time, to XXX HQ, their requirements concerning the documentation he will need.

He will also address to XXX HQ:

· Information to be published in "XXX Info"

· Newspaper cuttings related to the Congress

· A list of local and international press representatives to be met during the Congress.

· A list of the representative, in country which XXX is located in, of the press of the host's country.

1-13-2 Press Conference

A Press Conference is to be organized by the host during the Congress at the most appropriate moment decided by XXX and by the host. This Press Conference is chaired by the President of XXX, assisted by a representative of the host and by the Director General of XXX.

2. MISCELLANEOUS

2-1 Logo

The host will provide XXX on good time (see time table-annex......), with the logo to be used on all official documents related to the Congress and on the XXX Christmas cards.

2-2 Official Carrier

Contact is made by XXX, with the assistance of the host, with a local or national airline, for the appointment of the official carrier, in order to obtain:

· Travel arrangements for those attending the Congress (special fares)

· Free return tickets for XXX HQ' s staff and free return transport of the necessary fright (approx. 1 ton).

Mention of the "Official Carrier" will be published in all working documents, in the programme of the Congress and in XXX Info, distributed worldwide.

2-3 Travel Agency

The host shall propose to XXX the appropriate travel agency from the point of view of its reputation and price level. The role of the agency will be:

· To co-ordinate hotel reservation if necessary;

· to organize post-Congress tour for those who wish it.

2-4 Catering

2-4-1 Breakfasts

Hotels will be advised of the necessity to organise a quick breakfast service during the period of the Congress.

2-4-2 Coffee breaks

Coffee breaks must be organized close to the Conference room. The number of distribution units must be sufficient to ensure a quick service. A powerful sound or public address system should be used to call the delegates back to the Conference room.

Coffee breaks are the responsibility of the host if no sponsor is available.

2-4-3 Luncheons

Facilities should be provided for Quick luncheons. Luncheons are paid by the delegates if no sponsor is available. If possible, at one luncheon, tables should be grouped by Region according to numbers of delegates present (colored flags or other by Region).

2-4-4 Dinners

With an exception to the official functions, dinners are at the delegates expenses.

2-5 Car renting service

Selection is made with the support of the host in order to provide delegates with special rates. Some free trips between the airport and the hotel(s) for VIPs would be appreciated.

2-6 Sponsors

Search for sponsors is made by the host among local airports and national airline customers and suppliers. Usually, coffee breaks and transport linked with the Congress as well as the organization of the social day/half a day and of the programme of the accompanying persons are the responsibility of the host if no sponsor can be found.

Luncheons and dinners are also at the expense of the delegates, when no sponsor can be found or no official function exist.

It should be mentioned that, if known in time, the names and references of the sponsors will be printed on the programme.

Only sponsors are allowed to have their literature officially distributed to the delegates.

3. REMAINDER OF THE MAIN RESPONSIBILITIES OF XXX

3-1 Before the Congress

· General organization of the Congress in liaison with the host

· Search for Chairmen and Speakers. To prepare a first draft programme

· Preparing and mailing invitations

· Collecting working paper; reproduction and distribution

· Selecting hotels, travel agency and official carrier and expressing requirements concerning the Conference room and its equipment, in co-operation with the host

· Preparing a registration form and collecting hotel reservation forms in liaison with the host, the hotels and if necessary with the travel agency

· Registering delegates and ensuring the financial processing of the registrations

· Searching for interpreters and paying them for their services.

3-2 During the Congress

· General supervision of the Congress

· Close supervision of delegates' registration and collecting the registration fees when necessary

· Liaisons with Chairmen and Speakers and the Conference room co-ordinator

· To ensure the Secretariat

· Liaisons with the local press in co-operation with the host

· Organization of the closing dinner offered by XXX

· Organization and Secretariat of the General Assembly.

4. STAFF TO BE PROVIDED BY THE HOST AND CORRESPONDING RESPONSIBILITIES

4-1 Management Staff:

4-1-1 Chief Project Manager

In charge of supervising, from the beginning, the organization of the Congress in co-operation with XXX.

During the Congress, attends to the proper working of the Congress in permanent contact with the representative of XXX HQ in charge of the Congress. Is in Particular responsible for protocol matters.

4-1-2 Welcome Service Co-ordinator

In charge of co-ordinating the welcome service and be ready to intervene at any moment in case of difficulty.

Make sure that the guidance system in direction of the meeting point at the airport works

properly.

Supervises the bilingual welcome service hostesses.

4-1-3 PR Officer

For his job description, Please refer to 1-13:Press

4-1-4 Transport Officer

In charge of organizing and operating the transport system(delegates, guests, XXX staff and cargo):

· To see to it that the time schedule is rigidly adhered to;

· Circulates and announces modifications to the schedule during the Congress;

· Displays every afternoon in the hotels, the transports schedule for the next day.

4-1-5 Conference room Co-ordinator

In charge of supervising the following operation in the Conference Room:

· To have the room properly cleaned;

· Availability of the personnel necessary to operate the room-technical personnel, hostesses;

· Availability of the technical equipment:

  - screens

  - audio-visual

  - sound and recording

  - interpreters' booths;

  - Work in close co-operation with the designated XXX representative for setting up the head table(name plates) and the use of the audio-visual equipment;

· Co-ordinates the actions carried out by:

  - the Chief Technician

  - the hostesses present in the Conference Room.

4-1-6 Chief Technician

Ensures the smooth operation of the aforementioned technical equipment: screens, audio-visual, etc.

4-1-7 Social Programme Co-ordinator

Organizes and supervises all social events during the Congress.

Assists closely the XXX staff in order to organize the closing dinner.

Organizes a special programme for the accompanying persons.

4-2 Other agents

4-2-1 bilingual hostesses

8 hostesses with following assignments:

2 at the welcome service(airport);

2 at the disposal of XXX for registration of the delegates;

2 at the disposal of the tribune and in charge of circulating the portable microphone during the intervention from the floor (if necessary);

2 at the Welcome Information Desk at the entrance level where the Congress takes place.

4-2-2 Assistants

2 at the disposal of XXX for assembling and distributing the documents in the pigeon holes.

4-2-3 Bilingual Secretary

1 at the disposal of the XXX Secretariat.

4-2-4 Audio-visual operator

1 at the disposal of the Chief Technician.

4-2-5 Operator for tape recording of the Sessions

1 at the disposal of the Chief Technician.

4-2-6 Reproduction Operator

1 at the disposal of the XXX Secretariat.

4-2-7 Photographer

1, preferably a "commercial" photographer, officially accredited to sell the pictures to the delegates.

3) 국제회의 단계별 추진계획 수립

국제회의의 개최가 확정되는 시기가 대부분 전전차 총회 또는 이사회에서 결정되고, 개최주기가 1년 내지 4년임을 감안할 때 준비기간이 최저 2년 이상이 된다. 그에 따른 일정별 주요 준비계획을 다음과 같이 수립할 수 있다.

(1) 개최지 및 일자 확정 이후부터 전차회의까지
- 조직위원회 및 소규모 사무국 구성
- 전차총회시 사용예산을 포함한 소요예산 편성 및 승인
- 국제회의 참가규모에 따른 회의장 및 숙박시설 확보(가계약)
- 회의 참가자들의 편의를 제공할 수 있는 항공편 확보(가계약)
- 국제기구 본부 임원의 현지 답사와 회의장 최종확정
- 국제회의 개최 홍보자료 작성 및 홍보물 제작
- 전차 총회시 개최할 국제회의 참가 유도를 위한 "한국의 밤" 등의 전야제 행사 준비 및 개최

(2) 전차회의 이후부터 1년 이전
- 최종 예산 확보 및 승인
- 국제회의 공식 로고 및 포스터 제작
- 승인기간이 1년 이상이 소요되는 현수탑 설치허가 및 기념우표 발간 추진
- 공식적인 홍보 개시
- 국제회의기획업체 선정 계약
- 가계약된 회의장, 숙박시설 및 항공편 등 정식계약
- 분야별 책임조직을 세분하여 사무국 확대
- 기본프로그램 확정
- 연회 및 사교행사 등 각종행사에 필요한 장소 및 시설 예약
- 회의, 연회, 공연, 수송 및 관광 등 국제회의관련 필요 업체와 계약

(3) 6개월 이전
- 최종 일정별 추진계획 확정

· 부대행사 및 연사 등을 포함한 최종 프로그램 확정
· 언론매체에 국제회의 보도자료 배포
· 회의장 및 관광지 등을 포함한 행사장 현장 조사
· 항공사의 이용절차 및 스케줄 점검
· 호텔예약 및 등록서 제작 및 발송
· 스폰서 확보

(4) 3개월 이전
· 할인 등록 마감 및 등록 확인서 발송
· 인력수급계획 확정
· 회의장 레이아웃 확정
· 연설문 등 발표자료 수집
· 회의장 시설 및 통역시설 등 최종 사용계약
· 호텔 객실 등 참가자 수에 따라 블록 조정
· 기념품 및 각종 행사용품 제작 의뢰
· 회의관련 각종 가이드북 배포

(5) 1개월 이전
· 사무국을 회의장 또는 회의장 근처로 이전
· 최종프로그램 및 각종 안내서(연회, 관광, 사교행사 등 포함) 제작 및 발송
· 외부 고용인력 활용계획 수립
· 도상훈련 실시
· 호텔 객실 예약 최종 마감
· 참가자 이동계획 확정
· 국제기구 본부 사무국 직원 및 초청인사의 항공권 송부
· 보도자료 작성 및 배포
· 회의 및 각종행사에 소요되는 현수막, 배지, 안내표지판 등 발주
· 기념품 및 각종 행사용품 입고

(6) 2주 이전

· 국제기구 본부 사무국의 회의장내 설치
· 연회, 사교행사, 이벤트행사 등 최종 점검 및 계약
· 공항 내 환영데스크 설치 및 운영
· 외부 고용인력 채용 및 교육
· 참가자 현황 등 회의규모에 대한 보도자료 배포
· 회의 자료 및 각종 행사에 필요한 초청장, 비품, 인원, 집기 등 최종점검

(7) 3일 이전

· 현장 점검 및 최종 리허설
· 초청인사 참석여부 확인
· 방송 및 신문 등 언론 매체 참석 확인
· 외부 행사에 대한 기상 악화 등 비상시 대처 방안 확정

(8) 회의 종료 후

· 환송 및 출국 편의 제공
· 감사서신 발송
· 경비 정산
· 결과보고서 발간
· 조직위원회 해산

4) 국제회의 준비일정 및 역할분담

국제회의를 개최하기 위해서는 앞에서 작성한 준비계획서와 함께 국제기구 또는 협회 등과 준비일정 및 서로의 역할을 분담하는 Time-table을 만들어야 한다. 단계별 추진계획에서는 개최국 조직위원회의 준비일정 등을 설명하였고, 여기서는 국제기구 또는 협회 등과 함께 만들어야 하는 Time-table을 작성하여 봄으로써 독자의 이해를 돕고자 한다. 이 Time-table을 작성하기 위해 다음과 같은 가정을 할 것이다. 첫째, 세계총회가 매년 개최되고, 둘째, 개최장소가 전전차 총회에서 결정되었으며, 끝으로 개최일자가 2012년 9월 16일인 제21차 xxx세계총회라고 가정한다.

TIME-TABLE FOR THE ORGANIZATION OF THE 21ST XXX WORLD CONGRESS

(XXX : 국제기구 또는 협회 등)

TIME-TABLE	ACTION	BY	
		HOST	XXX
Preliminary	Proposal for themes to be developed	X	X
	Detail plan of Conference Facilities to be provided	X	
	Search for official carrier and official travel agency	X	X
	Search for official car rental company	X	
	Search for interpreters	X	X
November 2011	Providing XXX with several draft logos to be used on official documents and XXX Christmas cards.	X	
End November 2011	Providing XXX with the text of the letter of greetings from the Host to be published in the first New Year's INFO.	X	
January 2012	Official carrier's logo to be forwarded to XXX	X	
February 2012	Beginning of the Press campaign.	X	X
15 February 2012	First draft budget related to the Congress.		X
	Proposals and quotations for the Closing Dinner.	X	
March 2012	Host will supply XXX with promotional posters.	X	
	Search for Speakers and Chairmen.		X
	Draft of following bilingual documents to be forwarded to XXX.	X	
April 2012	Brochures about the Host country and the Host city, to be completed with general information and information about the Hotels and the post-Congress tours.	X	
	Post-Congress tour' reservation forms.	X	
	List of the official carrier overseas offices and agencies.	X	
15 April 2012	1,500 copies of above mentioned documents to be forwarded to XXX.	X	
15 May 2012	Dispatch of Congress invitations and related documentation		X
	Reminder to Chairmen and Speakers.	X	
15 June 2012	Reminder to potential Delegates.		X
1st July 2012	Deadline for Paper in two language.		X
	Reminder to Speakers not having sent their Paper.		X
	Draft transport planning.	X	
31 July 2012	Official deadline for Delegates concerned to return their visa-forms to Host.		

TIME-TABLE	ACTION	BY	
		HOST	XXX
August 2012	Deadline for special discount granted to registered Delegates.		X
	Deadline for Paper's in three languages.		X
4 August 2012	Deadline for providing XXX with last information to be published in the final Programme.	X	
7 August 2012	Preparation of the final Programme.		X
1st September 2012	Printing of the Programmes in 3 languages.		X
	Deadline given to the Delegates for hotel reservations.		X
	Providing XXX with 1000 cards of invitation to the welcome reception.	X	
15 September 2012	Dispatch of proxy forms and papers for the General Assembly.		X
	50% of the registration fees refunded by XXX to the Delegates, cancelling their attendance.		X
	Dispatch of final programme to the registered delegates, together with the final documentation : welcome forms, baggage stickers, identification badges and invitations to welcome reception.		X
	Providing Chairmen, Moderators and Interpreters with Papers and Speakers biographies.		X
	Preparation of the welcome letters to be distributed on the spot to : · Members of the World Board · Chairmen, Moderators and Speakers · Delegates.		X
	Providing Hotel with the names of VIP's.		X
	XXX to inform Host of nature quantity and weight of XXX cargo.		X
	Preparation of the Speaker's Nameplates.		X
	Printing of invitation cards and menus related to the Closing Dinner.		X
21 September 2012	Official deaklines for Hotel and tour reservations.	X	
	Deadlines for full and/or partial reimbursement to Delegates by Travel Agency and Hotels in case of cancellation.	X	
1st October 2012	Providing the Host with the names of VIP's attending the Congress.		X
	Providing XXX with the names and titles of personalities and guests attending the Welcome Reception and the Closing Dinner.	X	
9 October 2012	Arrival of XXX cargo. (Handling at arrival and departure of cargo before and after the Congress).	X	
10~11 October 2012	Departure of the first XXX Staff from		X
15 October 2012	Joint Host and XXX Staff meeting	X	X

제4장 국제회의 마케팅

1. 국제회의 마케팅의 개요

1) 국제회의 마케팅의 정의

마케팅을 미국 마케팅학회의 정의위원회(The Committee on Definitions of the American Marketing Association)는 "생산자로부터 소비자 또는 사용자에게로 상품 및 서비스가 흐르도록 관리하는 제 기업활동의 수행"이라고 정의하고 있으며, Philip Kotler는 "개인과 집단이 제품과 가치를 창출하고 다른 사람과 교환을 통해서 그들이 필요로 하고 원하는 것을 획득하는 하나의 사회적 과정"이라고 정의하고 있다.

이렇듯 마케팅에 대한 정의는 다양하나 시스템접근방법에 의한 마케팅은 현재 또는 잠재적인 최종소비자나 산업사용자를 포함하는 시장을 위하여 필요를 만족시켜 줄 수 있는 재화나 서비스를 제공하기 위하여 계획·가격결정·촉진·유통을 위하여 수행하는 기업활동의 시스템이라고 할 수 있다.

그리고 마케팅관리란 조직의 목적을 달성하기 위하여 목표시장과 가장 효율적인 교환을 이끌 수 있는 프로그램을 분석·계획·실행·통제하는 경영활동을 말한다.

따라서 국제회의 마케팅은 국가나 지방자치단체, 공단, 협회, 연합회, 학회 등의 공기

업과 사기업 등 모든 조직의 목적을 달성하기 위하여 국제회의시장을 분석한 후, 국제
회의를 유치하기 위한 프로그램을 계획하여 유치하고, 유치한 국제회의에 보다 많은 참
가자들이 참석하여 성공리에 개최하기 위한 일련의 활동을 말한다.

2) 국제회의 마케팅 계획

마케팅계획이란 마케팅 믹스의 주요요소에 대한 장기프로그램의 수립, 즉 제품·유
통경로·가격구조·판매촉진활동의 구체적인 의사결정을 하는 과정이며, 각 믹스요소
는 상호관련을 갖고 있으므로 이들에 대한 계획은 동시적으로 조정되지 않으면 안 된다.
마케팅 계획의 구성요소는 첫째, 시장이나 경쟁, 상품, 유통경로, 촉진프로그램 등에
대하여 치밀한 분석과 검토 등의 상황분석(Situation analysis)으로서 마케팅운영이 현재
어느 위치에 있는가(Where are we now?)를 분석하는 것이고, 둘째, 목표(Objectives)의
설정으로서 마케팅 운영의 발전방향은 어디인가(Where do we want to be?)를 결정하
는 것이며, 마지막으로 설정된 목표를 달성하기 위한 적절한 전략과 전술(Strategy and
Tactics)로 어떠한 수단방법을 동원하여 효과적으로 달성할 것인가(How can we best
reach our goals?)를 결정하는 것이다. 이러한 것들은 모두 주기적으로 실적이나 성과를
평가하고 통제해야 한다.
국제회의 마케팅 계획을 수립하기 위한 마케팅 믹스 요소를 결정하기는 상당히 어렵
다. 국제회의 마케팅의 핵심은 국제회의를 유치하고 개최하는 것이므로, 이를 위한 마
케팅 계획은 다음과 같은 단계로 수립해 나가면 될 것이다.

(1) 국제회의 유치부문
· 자국의 입지 및 개최 여건 등의 현황 파악
· 국제기구 및 학회 등 전체 국제회의 시장 파악 및 분석
· 국제회의 마케팅 전문조직 구성 및 활동
· 유치하고자 하는 목표시장 선정
· 목표시장에 대한 시장조사 및 분석
· 유치 경쟁상대 파악 및 분석
· 공략대상 선정 등 마케팅 전략 수립 및 시행

(2) 국제회의 개최부문

· 국제회의에 참가할 가능성이 있는 대상을 파악
· 국제회의 목적과 예산, 기대치 등을 고려하여 목표로 하는 참가자 수의 규모를 산정
  목표로 하는 참가자 수의 규모는 최소참가자 수와 함께 최대참가자 수를 책정
· 최소한의 참가자 수 이상이 참가하도록 하기 위하여 마케팅 대상 세분화
· 세분화된 마케팅 대상에 대한 마케팅 전략 수립 및 시행

3) 국제회의 마케팅 관리자의 역할

국제회의 마케팅 관리자는 마케팅 목적을 효과적으로 달성하는 데 있으므로, 통제불
가능한 마케팅환경요소(Uncontrollable marketing environmental factors)를 참작하고,
자신이 통제가능한 마케팅도구들(Controllable marketing tools)을 적절히 혼합하여 마
케팅전략을 수립 · 시행하여야 한다.

(1) 통제불가능한 마케팅환경요소

통제불가능한 마케팅환경요소에는 국내환경 중 통제불가능한 경제적환경이나 경쟁
구조, 정치환경 등이 있으며, 또한 다음과 같은 해외환경의 통제불가능한 요소가 있다.

· 문화적 요인
· 경쟁적 요소
· 경제적 요소
· 정치적 상황
· 지리적 요인 등

(2) 통제가능한 마케팅 도구

통제가능한 마케팅 도구는 일반적으로 마케팅믹스라고 하는 내부환경의 제품
(Product), 가격(Price), 유통경로와 물류(Place; Channels of distribution and Physical
distribution), 촉진(Promotion)을 말하며, 이를 국제회의 마케팅에 적용하면 다음과
같다.

· 국제회의 유치 및 개최 계획 수립
· 목표시장 선정
· 개최장소 선정 및 참가비 등의 가격 결정
· 관광 상품 결정
· 홍보 및 광고 전략 수립 및 시행
· 예산 편성
· 인센티브 등 서비스 제공
· 전시회 개최 유무 결정
· 마케팅 자료 수집, 분석, 활용 등

2. 국제회의 시장

국제회의 마케팅을 하기 위해서는 먼저 국제회의 시장을 파악해야 할 것이다.

국제회의 시장은 제2장에서 설명한 UIA의 국제회의 기준보다는 폭이 넓은 ICCA(세계국제회의전문협회)의 기준으로 설명할 것이다. 비록 이 기준이 UIA기준이나 우리나라 법률에서 정한 기준과는 다르지만 참가자가 최소 50인 이상이고 3개국 이상을 순회하는 회의를 국제회의라고 정하였기 때문에 보다 실질적인 국제회의 마케팅의 목표시장이라고 판단되기 때문이다.

국제회의 시장은 회의 규모나 회의 참가자의 종류, 회의목적 등 여러 가지로 나눌 수 있으나, ICCA는 국제회의 시장을 주최별로 구분하여 비기업시장과 기업시장으로 나눈다. 비기업시장은 정부간회의시장과 비정부조직회의시장 또는 협회시장으로 나누나, 그 중 협회시장이 차지하는 비중이 가장 크므로 비기업시장을 일반적으로 협회시장이라고 한다. 기업시장은 내부회의시장과 외부회의시장, 내외부합동회의시장으로 나눈다. 따라서 국제회의 시장은 협회시장(Association market)과 기업시장(Corporate Market)으로 구분한다. 2007년 6월에 ICCA에서 발간된 "The International Association Meetings Market in 1997~2006 (Statistics Report)" 에 의해 협회시장과 기업시장을 살펴보면 다음과 같다.

1) 협회시장

(1) 종류
· 국제유전공학심포지움과 같은 과학회의시장(Scientific meeting)
· 국제방송연맹총회 등의 교역회의시장(Trade meeting)
· 국제종교위원회총회와 같은 집단(Family Meeting)회의 등

(2) 국제기구본부
2006년에 개최된 총 5,838건의 회의를 주관한 4,852개의 국제기구본부는 59.7%가 유럽에 위치하고 있다. 이는 10년전인 1997년에 비해 약 2% 가량 줄어든 수치이다.

(3) 대륙별 시장규모
국제회의 개최장소는 지난 10년 동안을 살펴보면 아시아와 중동, 라틴아메리카가 증가하고 있는 추세인 반면 북미지역과 아프리카지역이 줄어들고 있다. 2006년에는 총 5,838건 중 유럽지역이 3,344건(57.3%)로 과반수이상을 차지하고 있으며, 아시아 및 중동지역이 1,014건(17.4%)로 그 다음을 차지하였다.

(4) 국가별 개최현황
국가별로는 미국이 최근 10년간 1위를 고수하고 있다. 2006년도에는 미국이 총5,838건 중 414건을 기록하였으며, 독일이 334건으로 2위, 영국이 279건으로 3위를 나타내었다. 아시아국가 중에서는 일본이 157건(12위)으로 가장 많이 개최하였으며, 중국은 153건으로 14위, 싱가포르가 128건으로 16위를 차지하였고, 그 다음에 우리나라가 123건으로 17위를 차지하였다.

(5) 도시별 개최현황
도시별 국제회의 개최 수를 보면 비엔나가 2003년을 기점으로 급성장하여 2005년 도(135건)에 이어 2006년도에도 147건으로 1위를 차지하였고, 아시아지역에서는 싱가포르가 127건으로 전체에서 3위를 차지하였다. 서울은 85건으로 7위를 차지하였다.

(6) 국제회의 참가자수

국제회의 참가자수를 지난 10년 동안 살펴보면 50명 이상 150명 미만이 참가한 다소 적은 규모의 회의가 증가추세이다. 2006년 국제회의 참가자수로 보면 250명 이상 500명 미만인 회의가 총 3,133건 중 837건(26.7%)으로 가장 많았으며, 50명 이상 150명 미만의 회의는 652건(20.8%), 150명 이상 250명 미만이 591건(18.9%), 500명 이상 1,000명 미만이 548건(17.5%) 순으로 나타났고, 3,000명 이상 참가한 회의는 126건으로 전체의 4.0%였다. 또한 회의 당 평균 참가자수는 1997년 738명에서 2006년 672명으로 그 수가 점차 줄어들고 있다.

그리고 국가별 참가자수를 보면 참가자수에서도 역시 375,218명으로 1위를 미국이 차지하였으며, 한국은 아시아권에서 중국(181,265명: 7위), 일본(135,631명: 10위)다음으로 109,406명을 기록해 10위를 차지하였다.

도시별 참가자수를 살펴보면 1위인 파리의 경우 2006년에 85,083명이 참가하였으며, 2위인 비엔나는 69,964명, 3위는 바르셀로나로 68,148명이 참가하였고, 그 다음으로 서울이 66,506명으로 4위를 차지하여 싱가포르에 비해 개최건 수는 적으나 참가자 수는 많은 것으로 집계되었다.

(7) 개최장소

2006년에도 국제회의 개최장소로는 회의 및 전시, 연회 등 모든 것을 갖춘 호텔(In-house hotel)이 총 2,567건 중 1,050건으로 전체의 40.9%를 차지하고 있고, 다음으로 Conference/Exhibition Center가 946건으로 36.9%를 차지하였으며, 대학에서 373건이 개최되었다.

(8) 회의시기 및 회의기간

2006년도의 국제회의는 5,540건 중 939건이 일년 중 9월에 가장 많이 개최되었으며, 그 다음으로 6월이 746건, 10월 732건이 개최된 반면 1월에는 86건으로 가장 적게 열렸다. 그리고 회의기간은 1997년에는 평균 4.48일이었으나 2001년에는 4.19일이었고 2006년에는 평균 4.00일로 기간이 줄어들고 있는 추세이다.

(9) 주제별 개최현황

국제회의를 주제별로 보면 1997년부터 2006년까지 의학분야회의가 가장 많이 개최되고 있으며, 다음으로 과학회의 및 기술회의, 산업회의 등이 주류를 이루고 있다.

2006년의 경우는 의학분야가 1,748건으로 전체의 22.3%를 차지하여 1위를 차지하였으며, 그 다음으로 기술분야가 1,039건으로 13.2%를, 과학분야는 987건으로 12.6%를 나타내었다.

(10) 등록비 및 지출규모 현황

2006년 개최된 국제회의 등록비 수입은 회의당 1인당 평균 미화 505달러로 회의 당 평균 미화339,556달러를 기록하고 있으며, 1인당 지출규모는 평균 미화 2,296달러로 회의 당 평균 미화 1백 50여만 달러에 달한다. 이를 바탕으로 총 등록비 수입규모를 산정하면 미화 1,982백만 달러에 달하며, 총지출규모는 9,010백만 달러에 이른다.

2) 기업시장

47%가 아시아에 기반이 있고 45%가 유럽에 기반이 있는 총2,210명의 기업회의 기획자를 대상으로 기업회의시장을 살펴보면 다음과 같다.

(1) 회의규모

기업회의는 주로 참가자수가 20명내지 100명 정도이고 대형회의라고 해도 500명 이하가 대부분이며 1000명 이상인 경우는 전체 중 단지 7%에 불과하다.

(2) 회의유형

기업회의의 유형은 대부분 기업내부 임직원을 상대로 하는 내부회의이며 외부회의의 경우는 제품설명회, 심포지움, Dealer 회의 또는 전시 등의 순으로 이루어지고 있으며 내외부 합동회의는 주로 워크숍이나 교육훈련의 형태로 이루어진다.

(3) 회의장소 등

회의장소로는 아시아와 유럽을 선호하고 있으며 대부분의 회의는 시내의 호텔에서 이루어지고 있다. 회의기획자들은 기업의 인사담당에서 마케팅담당으로 크게 선회하고 있으며 기업회의가 이루어지는 회사는 주로 화학회사나 비즈니스서비스업, 전기업체,

전자업체 등으로 나타나고 있다.

3. 국제회의 마케팅 전략 및 추세

마케팅 전략이란 마케팅관리자가 앞에서 설명한 통제불능한 국내외 마케팅환경을 고려하고 통제 가능한 마케팅도구를 이용함으로써 마케팅목적을 가장 효과적으로 달성할 수 있도록 적절히 혼합하는 것을 말한다. 따라서 국제회의 마케팅 전략이란 국제회의 시장에서 가장 효율적인 방법으로 국제회의를 유치하여 보다 많은 사람들이 참가하도록 함으로써 경제성이나 수익성, 국가이미지 제고 등 모든 면에서 성공리에 개최할 수 있도록 하기 위한 마케팅 전략을 뜻한다.

국제회의 시장은 나날이 커지고 있고, 과거에는 그 시장의 중요성을 인식하지 못하던 국가와 경제수준이 낮고 국제회의 인프라가 조성되지 않았던 국가들까지도 이제는 국제회의산업의 중요성을 인식하게 되어 국제회의를 유치하고자 많은 노력을 기울이고 있다. 이에 따라 국제회의를 유치하기 위한 각 국의 경쟁은 점점 더 치열해져 가고 있는 상황이다.

국제회의에 참가하는 참가자도 최근에는 노령인구가 증가됨에 따라 과거와는 달리 고령자가 많아 졌으며 여성인력이 증가되고 있다. 또한 참가자들의 태도가 단순히 회의만을 생각하는 것이 아니라 환경문제나 신체장애자의 배려, 보다 많은 자유시간 요구, 자신의 식생활 고려 등 여러 가지 관점을 갖고 보고 있으며, 참가자들의 회의 참가에 따른 기대 또한 점점 더 커지고 있다.

그리고 보다 중요한 변화는 인터넷의 발전으로 국제회의를 OFF-LINE방식 뿐 만 아니라 ON-LINE방식으로도 개최가 가능해졌고, 인터넷을 통한 마케팅이 가능해졌다는 사실이다. 따라서 국제회의 마케팅 전략은 이러한 변화에 맞게 수립해야 하며 주요 내용은 다음과 같다.

1) 국제회의 유치부문

- 현재 자국의 국가 및 도시의 이미지를 객관적으로 평가하고, 국제회의를 개최하는 데 기본여건인 수송수단의 확보와 컨벤션 시설, 숙박시설, 관광 및 문화상품 등이 완벽하게 준비되어 있는지를 평가하여 부족한 부분이 있으며 보완한다.
- 국가 및 도시의 이미지를 높이기 위하여 국제기구 및 국제사회 활동에 보다 조직적이고 체계적으로 참여한다.
- 국가위상 제고 및 홍보를 위한 전담조직을 구성하고, 인터넷을 활용한 홍보는 물론 개별마케팅을 전개하는 등의 효과적인 마케팅 활동을 함으로써 지명도(Visibility)와 애호도(Favorability)를 높이도록 해야 한다.
- 국제기구나 협회 등에 가입하여 적극적인 활동을 함으로써 이사국 등에 진입하여 국제회의를 유치하는데 유리한 고지를 선점해야 한다.
- 유치하고자 하는 국제회의를 선정한다.
- 해당 국제회의를 유치하고자 하는 국가나 도시 등의 경쟁상대를 파악하고, 경쟁상대의 강점과 약점을 분석하여 그에 상회하는 공략방법을 모색한다.
- 선정된 국제회의 시장의 Needs와 Wants를 분석하고 시장조사를 한 후 시장조사 결과를 분석한다.
- 시장조사 결과를 토대로 국제회의 유치에 초점을 맞춰 가장 최선의 마케팅방법을 선택하여 추진한다.

2) 국제회의 개최부문

- 국제회의 유치가 확정되면 해당 국제회의가 성공리에 개최되어 국제회의 관련 산업의 발전에 기여할 수 있도록 국가차원의 마케팅 전략을 수립하여야 한다.
- 국제회의에 최대한의 참가자가 참가하도록 전차회의에 참가하여 전야제 개최 및 관광상품 소개 등을 조직적이고 효율적으로 실시해야 한다.
- 국제회의 참가대상자 리스트를 확보하여 인터넷 또는 우편 등을 통해 참가자의 Needs 및 Desires를 설문 조사하여 이를 분석한 후, 적절한 마케팅 방법을 선정하여 개별 마케팅을 실시한다.

· 적절한 매체를 선정하여 국내외 광고를 함으로써 보다 많은 참가자가 참석할 수 있
  도록 유도한다.
· 회의에 참가할 것으로 예상되는 사람들을 나이, 성별, 참가빈도, 경력, 기호 및 관
  심도, 지리적 위치 등을 고려하여 적절한 기준으로 세분화하고 그에 맞는 마케팅
  방법을 정한다.
· 국외 참가자 및 국제기구 사무국직원 등에게 항공료 할인, 객실료 할인 및 관광, 이
  벤트 등의 인센티브를 제공하여 회의 참가를 유도하고, 국내 참가 대상자를 파악하
  여 지속적인 홍보와 접촉을 통한 회의 참가 유도 등 마케팅 활동을 극대화한다.
· 마케팅에 필요한 Brochure(Leaflets, Pamphlets, Letters 등 포함)는 전문가에게 일
  임해서는 안 되고, 당해 회의에 대해 잘 아는 실무자와 협의해서 제작토록 하여야
  한다. 그리고 Brochure를 제작할 때는 홍보부문에서 자세히 설명하겠지만, 보는
  사람이 관심과 흥미, 기대이익 등을 한 순간에 느낄 수 있도록 스타일이나 디자인,
  배열, 내용, 사진 등을 신중하게 고려하여 제작함으로써 마케팅 효과를 극대화시켜
  야 한다.
· 국제회의에 참가하도록 유도하는 방법 중 가장 일반적인 마케팅방법이 DM(Direct
  Marketing)방식이다. DM방식을 사용할 때는 예산이 허락하는 범위 안에서 자주,
  시의 적절하게 Brochure 등을 보내야 보는 사람의 관심을 최대한 고조시킬 수 있다.
· TV 또는 신문 등의 광고가 효과적이지만 비용이 비싸 이용하기가 쉽지 않다. 그러
  므로 비용이 들지 않는 보도자료나 기획기사, 독자투고 등을 최대한 활용하여 뉴스
  나 신문에 방송 또는 게재되도록 한다.
· 국제회의 개최 및 참가에 상당히 중요한 역할을 하는 VIP, 저명인사 및 스폰서 등
  에게는 수기로 Letter 등을 보내어 마케팅 효과를 높인다.
· 국제회의 예산 및 경비집행계획을 수립하여 집행함으로써 낭비요인을 제거하고,
  제품 및 서비스를 홍보하고자 하는 업체 등을 스폰서로 유치하여 회의 경비를 최소
  화할 뿐 만 아니라 국내제품의 국제경쟁력 제고에 일익을 담당하여야 한다.

제5장 우리나라 국제회의산업의 문제점 및 육성 방안

1. 우리나라 국제회의산업의 문제점

국제회의산업은 회의산업 자체는 물론이고 국민경제 및 지역경제의 발전에 일익을 담당하는 고부가가치산업이다. 국제회의산업의 중요성이 부각됨에 따라 세계 각 국은 국제회의를 유치하기 위해 치열한 경쟁을 벌이고 있다. 이러한 상황하에서 우리나라 국제회의산업은 1988년 서울올림픽 개최 이후 급속도로 성장하여 왔으나 아직도 우리나라와 경쟁국가인 싱가포르나 중국, 일본 등에 비해 성장속도가 그리 높지 않다.

우리나라는 2000년 이전에는 대형 전문회의시설의 부재로 대규모 국제회의 유치에 실패하여 왔으나 2000년에 COEX의 개관을 필두로 부산, 제주, 대구, 경기도 등 각 지방에 대형 국제회의 전문시설이 개관함으로써 대규모 국제회의 유치가 가능하게 되었다. 정부 또한 1996년말 제정한 「국제회의산업 육성에 관한 법률」에 의하여 국제회의 개최국 10위권에 진입하는 것을 골자로 한 국제회의산업육성 기본계획을 수립하여 시행하는 등 국제회의산업을 육성하기 위하여 갖은 노력을 다하고 있어 이제는 우리나라도 도입단계를 벗어나 본격적인 성장단계에 진입하게 되었다. 그러나 우리나라 국제회의산업은 아직도 다음과 같은 많은 문제점을 내포하고 있다.

1) 국제회의 관련 시설의 수급 불균형

국제회의를 유치·개최하는 데 기본조건인 대형 전문국제회의 시설은 서울 COEX와 부산 BEXCO, 대구 EXCO, 제주 ICC-JEJU, 경기 KINTEX, 광주 Kimdaejung Convention Center, 창원 CECO, 대전 Daejeon Convention Center 및 2008년에 준공한 인천 Songdo Convensia가 있다. 또한 전문전시장으로는 서울의 SETEC과 aT센터, 대전무역전시관 등이 있으며, 지금도 대형 전문 국제회의 시설을 각 지자체마다 경쟁적으로 설립을 추진하고 있는 실정이다.

이렇듯 지자체가 경쟁적으로 컨벤션센터 건립을 추진하고 있으나, 이를 전부 운영할 정도의 국제회의가 유치되지 않은 현실에서 낮은 수익성과 대규모의 투자가 필요한 컨벤션센터를 무분별하게 추진한다는 신중히 고려해봐야 할 것이다. 이는 국가적으로 볼 때 수급불균형을 초래하여 국익에 상반될 수도 있다.

또한 지방에서 대형 국제회의를 개최하는데 필요한 숙박시설이 부족한 형편이며, 있다 하더라도 대부분의 숙박시설이 특급호텔이 주류를 이루고 있어 적정가격대의 숙박시설을 갖춘 다른 나라에 비해 가격경쟁력이 낮아 국제회의 유치가 어려운 것은 물론 유치해도 외국인 참가자의 규모가 적어질 수밖에 없는 취약점을 갖고 있다.

2) 국제회의 전문인력 부족

국제회의산업은 급성장을 하고 있으나 국제회의산업을 유치하고 운영하는 전문인력이 부족한 형편이며, 현재 국제회의 관련업에 종사하고 있는 인력 역시 전문성을 보유한 인력은 그리 많지 않다. 또한 일부 대학에서 국제회의 관련학과를 개설·운영하고 있으나 체계적인 전문가 양성프로그램이 부족하며, 국제회의관련 인력 양성기관 및 교육프로그램이 외국에 비해 단순하고 비전문적이다. 그리고 국제회의기획업체수가 최근 빠르게 증가하고 있으나 업체의 수익성이 낮아 보다 큰 투자를 유치하기가 어려워 대부분이 영세성을 면치 못하게 됨에 따라 전문성을 보유한 고급인력을 확보하기가 쉽지 않은 실정이다.

3) 국제회의 전담조직 부족

우리나라의 국제회의 전담조직은 문화체육관광부 산하단체인 한국관광공사의 Convention Bureau가 있고 2001년 8월에 민·관협의체인 한국컨벤션협의회가 발족되었으나 이들 조직이 독립적이고 실질적인 역할을 할 수 있다면 모르겠지만 아직도 우리나라의 국제회의산업을 주도하여 이끌어가기에는 역부족이며, 국가전략산업으로 육성하는 데는 한계가 있다. 우리의 주변국인 중국이나 싱가포르, 태국 등은 국제회의유치 캠페인을 지속적으로 전개하고 있는 반면 우리나라는 예산 등 여러 가지 이유로 그리 활발하지 않은 편이다.

일본의 경우는 국제회의 개최도시가 도쿄 및 교토 등 여러 도시별로 분산되어 개최되고 있으나, 우리나라는 2006년에 국제회의 총 420건 중 191건이 서울에서 개최되어 국제회의의 절반 가까이가 서울에서 열리고 있다. 이러한 현상은 지방도시에 국제회의 전담조직이나 부서가 없고, 국제회의를 유치할 만한 관광·문화상품 등의 개발이 부족할 뿐 만 아니라 지방도시의 홍보 부족과 열악한 교통여건 및 서비스 체계가 미흡하기 때문이다.

지방도시의 경우는 국제회의산업에 대한 인식도 부족할 뿐만 아니라 부산 등 몇몇 지역에는 전담조직이나 부서가 있으나, 그 전문성이 부족할 뿐더러 국제회의기획업체 역시 서울에 편중되어 있어 국제회의를 유치하고 개최하는 것 뿐만 아니라 체계적인 관리나 운영에 많은 어려움이 있다. 특히 대규모 국제회의 경우는 회의에 필요한 숙박시설 등이 부족하여 유치하기 더욱 더 어려운 실정이다.

4) 정부의 지원체제 및 민관협력체제 미흡

1996년까지 「관광기본법」 및 「관광진흥법」의 일부로 국제회의산업이 다루어지고 있었으나 정부가 국제회의산업의 중요성을 인식하고 1996년 말에 「국제회의산업 육성에 관한 법률」을 제정하면서부터 우리나라는 진일보된 모습으로 변모하기 시작하였다. 국제회의산업을 육성하기 위해서는 단순히 국제회의도시 지정·지원과 국제회의 유치 및 개최자에 대한 지원내용 뿐만 아니라 국제회의를 성공적으로 개최하는 데 필요한 관련 산업 및 전문인력 육성 등에 대하여 다소 보완할 부분이 있다고 보인다. 또한 국제회의산업에 대한 금융지원과 세제 및 부담금 경감 등 실질적인 지원 및 활성화를 위한 육성

정책 수립 및 실효성 있는 지원시책은 미약한 것으로 보인다.

그리고 국제회의산업은 국가 및 국민 경제에 중요한 산업이므로 정부 부처간은 물론 민관이 상호 원활한 협력관계를 유지하여야 보다 효율적인 결과를 이끌어 낼 수 있다. 그러나 관과 협회 및 학회 등의 단체 등이 산발적으로 각각 유치활동 및 홍보활동 등을 전개하는 등 민관협력체제가 미흡하여 경쟁국가와의 국제회의 유치 경쟁 등에서 약점을 보이고 있다.

2. 우리나라 국제회의산업 육성방안

우리나라의 국제회의산업을 육성하기 위해서는 중앙정부나 지방자치단체는 물론 국민 모두가 국제회의산업의 중요성을 인식해야 한다. 우리나라 국제회의산업은 그동안 전문국제회의시설도 부족하고 관광산업인프라도 제대로 갖춰지지 않아 국제회의를 유치하고 개최하는 데 많은 취약요소가 있었지만 이제는 서울과 부산, 대구, 제주 등 전국적으로 전문회의시설이 개관하였고, 인천국제공항이 개항하였으며, 고속철도도 개통하는 등 교통망이 확충되었다.

우리나라의 국제회의산업을 육성하기 위한 방안을 살펴보면 다음과 같다.

1) 국제회의 유치 및 개최활동 강화

국제회의 유치활동을 강화하기 위해서는 중앙정부 주도의 국제회의산업 발전계획 수립과 이에 따른 체계적이고 실질적인 단계별 추진 계획의 수립이 필요하며, 이를 뒷받침할 수 있는 법적·제도적 방안이 강구되어야 할 것이다. 또한 국제회의산업과 관련된 통합데이터베이스시스템를 구축하여야 하며, 구축된 시스템을 효율적으로 운용할 수 있는 체제를 갖추어 국제회의 유치활동의 자료로 활용하고, 국제회의산업 발전에 관한 연구 및 조사활동에 이용되도록 하여야 할 것이다.

그리고 국제기구나 협회, 단체, 학회 등의 국제사회에 적극적으로 참여하여 국가 위상 및 이미지 제고는 물론 국제기구본부 및 지역본부 등을 국내에 유치하거나, 임원에

피선되어 국제회의 유치에 유리한 고지를 선점해 나갈 수 있도록 해야 하며, 이를 위해 정부 및 지방자치단체는 국제회의 유치 및 개최단체에 대한 지원을 강화해 주어야 한다. 그리고 국제회의 유치가 결정되면 해당회의에 보다 많은 참가자가 참가하도록 정부와 관련단체가 공동으로 홍보 및 마케팅을 실시하여 해당회의를 성공리에 끝마칠 수 있도록 해야 한다.

2) 국제회의 인프라 구축

국제회의 전문회의시설이 2000년에 개관한 서울의 COEX를 비롯하여 부산, 대구, 제주, 경기, 창원, 광주, 인천, 대전 등 각 지방자치단체별로 컨벤션센터가 개관하였다. 이제 전문회의시설은 충분할지 모른다. 그러나 국제회의와 관련된 교통문제나 숙박시설, 관광·문화시설 및 교육시설 등 국제회의의 인프라가 구축되지 않으면 지역에 따라서는 수요에 비해 공급 과잉이 발생할 가능성을 배제하기 어렵다. 따라서 컨벤션센터 건립과 함께 부족한 대형숙박시설이나 관광·문화 시설의 확충과 관광산업 및 국제회의 관련 종사원의 자질 향상을 위한 교육시설 등 국제회의 관련시설의 확충이 필요하다.

3) 국제회의 전담조직 강화 및 전문인력 양성

국제회의산업의 중요성이 부각되고 있고, 세계 각 국이 국제회의를 유치·개최하기 위하여 치열한 경쟁을 벌이고 있어 우리나라도 국제회의에 대한 경쟁력을 제고시키기 위해서는 국제회의 전담조직을 강화하고 국제회의 전문인력을 시급히 양성해야 한다.

최근 우리나라도 그 중요성을 인식하고 문화관광부 산하단체인 한국관광공사내 컨벤션뷰로를 설치하고 운영하고 있으며 민·관 협력체제를 구축하기 위한 한국컨벤션협의회를 발족하였다. 그러나 국제회의산업을 국가전략산업으로 육성하는 데는 기존 조직의 규모나 성격으로는 미흡하고, 지방도시의 경우 국제회의 전문부서나 인력이 거의 없고 국제회의기획업체 역시 서울에 편중되어 있는 실정이다.

따라서 국제회의 전담조직인 컨벤션뷰로가 실질적으로 국제회의산업을 육성할 수 있도록 독립성을 보장해 주고, 전문인력을 보강함으로써, 보다 체계적이고 전문적인 조직으로 강화해나가야 하며, 지방도시별로 국제회의 전담부서의 설립과 전담인력의 충원 등을 통해 국제회의산업의 균형적 발전과 지역경제의 활성화를 추진해나가야 한다.

국제회의산업의 성장에 따른 국제회의 전문인력의 수요는 급증하고 있고 국제회의의 성공적인 개최는 국제회의 전문인력의 유무에 따라 성패가 좌우된다. 그러나 우리나라는 선진국과 비교해 국제회의의 전문인력이 부족하고, 국제회의 전문인력 양성기관의 수가 적으며 교육프로그램 역시 단순하고 전문성이 결여된 상태이다. 특히 이들을 가르칠 전문 강사의 양성이 시급하다. 정부가 컨벤션기획사 제도를 활성화시켜 국제회의 전문인력을 양성하려는 정부의 의지가 보이고 있다. 그러나 국제회의의 전문가는 단순히 자격증만으로 되는 것은 아니며, 현장에서의 실무경험이 뒷받침되어야 하므로 이 제도가 정착하기 위해서는 이들을 고용하는 국제회의기획업체의 경영여건이 개선되어야 할 것이다. 또한 국제회의산업 종사자들의 자질을 향상하기 위한 보수교육차원의 교육프로그램이 필요하며, 국제회의 전문인력을 양성하기 위하여 대학이나 전문대학원 등에 국제회의 교육과정을 신설될 수 있도록 정부차원에서 추진해 나가야 할 것이다. 그리고 외국의 국제회의 전문인력양성기관인 IAPCO나 IACVB, AACVB, PCMA, MPI 등과 제휴하여 보다 체계적이고 전문적인 프로그램 등을 개발함으로써 국제회의 전문인력을 양성해 경쟁력을 강화해 나가야 한다.

4) 국제회의 수용태세 개선 등

국제회의 수용태세를 개선하기 위해서는 국제회의산업과 관련된 법률 및 제도를 현실적으로 적용할 수 있도록 구체화시켜 나가야 한다. 또한 국제회의 수용태세는 국제회의도시 지정 및 육성을 통해 개선이 가능하지만 국제회의도시 사후관리시스템 보강 등 국제회의도시를 육성하기 위한 지원방안이 미약하다.

따라서 국제회의산업 육성을 위한 거점도시를 지정하여 집중육성하고, 지방도시의 지역 국제회의산업을 육성을 통한 지방도시의 국제화와 지방경제의 활성화를 도모하기 위해서는 국제회의도시 지정기준을 세분화하고 객관적으로 평가할 수 있는 기준을 세울 필요가 있으며, 국제회의도시를 정할 때는 지정기준과 시장원리에 의해 정해야 하지만 지역적인 특성도 고려해야 해야 할 것이다. 일단 국제회의도시로 지정된 곳에 대해서는 국제회의도시운영 평가제 도입과 실질적인 육성방안을 강구하여 적극적인 지원을 아끼지 말아야 할 것이다.

　그리고 국제회의산업 육성에 필요한 투자재원을 해외자본 및 민간자본 유치 등 다각화할 필요가 있으며, 국제회의와 연계한 관광상품 개발, 국제회의기획업체 지원, 국제회의산업 종사자들에 대한 보수교육실시, 서비스안내데스크 확충 및 자원봉사자 고용 등을 통한 외국인과 의사소통 문제 해결, 인터넷 등을 통한 우리문화의 우수성 및 지역 이미지 홍보, 차세대 주역이 될 청소년 교류활성화, 국제수준의 관광자원 및 관광·문화상품 개발, 관광자원개발을 위한 규제완화와 지원 확대 등을 해야 할 것이다.

제2편

컨벤션 기획 및 실무

제1장 예산분야

국제회의를 유치하여 개최하기 위해서 가장 기본이 되는 것이 예산분야일 것이다. 예산분야의 담당자는 기획단계에서는 예산편성과 예산확보가 주업무가 될 것이며, 준비단계에 들어서면 확보된 예산을 별도로 정한 회계규정에 따라 적절히 사용하도록 통제·관리해야 한다.

1. 예산의 개요

1) 예산의 개념

예산이란 경영자의 계획을 계수화 한 것으로 추정손익계산서, 추정대차대조표, 자금운용표 및 부속계산서가 포함된다. 그러나 국제회의의 예산은 대부분 전체예산중 국제행사비 한 항목에 속해 있고, 비영리를 목적으로 하는 경우가 많아서 통상적으로 세목별 구분과 자금운용표정도만 작성하면 된다.

2) 예산의 기능

- 전략적 계획
- 전술의 조정
- 운영조정
- 실천 및 감독

3) 예산편성방법

예산을 편성할 때에는 과거의 경험을 토대로 한 통계적인 방법과 전체 흐름을 기초로 한 Simulation 방법을 통해 편성하되 불확실성에 대비한 방법을 강구하여 편성하여야 한다.

국제회의는 정해진 예산 범위 내에서 치루어지는 것이므로 예산을 편성하고 확보하는 것이 해당회의의 규모나 성패를 좌우한다고 해도 과언이 아니다. 예산은 미래를 예측하여 준비하는 것이지만 예산 편성시 누락되어 집행자금이 부족하다면 보통 큰 문제가 아닐 것이다. 따라서 예산은 치밀하되 너무 여유가 없게 편성해서는 안되며, 행사나 일정 변경 등 예상치 못한 상황에 대비하여 예비비를 확보하여야 한다.

국제회의의 예산을 편성할 때 가장 큰 영향을 미치는 요소는 참가자 수와 프로그램 내용, 회의장소, 회의 준비기간 등이 가장 큰 영향을 미친다. 따라서 예산편성 담당자는 과거 행사를 치룬 경험이 있다면 이를 참고하여 작성하되 물가상승 등의 변수를 반영하면 되고, 국제회의를 처음 개최하는 경우에는 전문가의 의견을 수렴하여 각 분야에서 편성한 자료를 토대로 집계하면 된다. 예산은 크게 수입부문과 지출부문으로 나눌 수 있다.

2. 수입부문

국제회의를 개최하는데 소요되는 경비를 충당하기 위한 재원의 조달방법은 영리를 목적으로 하는 경우와 비영리를 목적으로 하는 경우 등 회의의 성격과 규모에 따라 다르지만 주로 다음과 같은 항목으로 이루어진다.

① 참가자 등록비

등록비는 Delegates와 Spouse 또는 Accompanying person에 따라 차이가 나며, 회의 전과정참가자와 Option을 제외한 일부참가자가 다르고, 내국인과 외국인이 다르다. 또한 Member와 Associate Member, Affiliate Member, Honorable Member, Professional Staff Member 등에 따라 등록비가 다르며 등록시기에 따라 할인이 되는 경우도 있다.

② 자기자금

③ 보조금 또는 지원금

정부나 외부기관으로부터 보조 또는 지원받는 금액

④ 기부금

⑤ 광고수입

각종 발간물 등에 게재하여주고 받는 수입

⑥ 전시수입

전시회 개최 시 부스 판매 수입

⑦ 판매수입

기념품이나 사진 등의 판매수입

⑧ 기타수입

이자 등

3. 지출부문

국제회의에 소요되는 비용은 참가자수에 영향을 받지 않는 고정성 경비와 참가자수에 영향을 받는 변동성 경비, 돌발상황에 대비한 예비비로 나눌 수도 있으나, 이런 분류 자체가 별 의미가 없으므로 실제로 예산 편성할 때 사용되는 항목별로 구분하여 설명하면 다음과 같다.

① 전차총회 참가 및 전야제행사비
 · 등록비
 · 출장비(항공료, 숙박료, 일비, 식비 등)
 · 공연비(전야제 행사에 필요한 제반경비: 공연자 출장비 및 공연비 등)
 · 전야제 행사장 임차료
 · 식음료비
 · 현지 행사장 운영요원 등의 인건비
 · 각종 홍보물 및 기념품 제작비
 · 회의비
 · 통신비
 · 화물운송비
 · 기타 운영경비

② 국제회의 기획용역비

③ 국제기구 또는 협회 등의 임직원 초청경비

④ 국제회의 준비 및 개최비
 · 공통비(사무국)
   - 인건비: 조직위원회 직원 및 임시직원 등의 임금
   - 사무실(회의실 포함) 임차료
   - 사무기기 임차료
   - 차량비(업무용차량 등 임차 및 운영비)

- 사무용품(컴퓨터, 프린터, 스캐너, 책상, 의자, 소파 등) 및 소모품비
- 인터넷 홈페이지 제작 및 유지 관리비
- 전용선 사용료 및 전화료 등 통신비
- 인쇄비(타비용에 속하지 않는 인쇄비: 안내문 각종양식, 초청장, 메모지,
  각종 프로그램, 행사차량스티커, 결과보고서 등)
- 등록가방 및 명찰, 감사패 등 제작비
- VIP 및 연사 선물 구입비
- 초청자 및 조직위원회 직원 숙박비
- 만찬 및 사교행사시 참가자 기념품 제작비
- 스폰서 섭외 및 유치비
- 발송비(일반서류, 참가안내문, 등록양식 등)
- 국내외 출장비
- 각 분야별 활동비

· 회의비
  - 국제기구 또는 협회 등과의 회의비
  - 조직위원회 전체 및 분야별 회의비
  - 국제회의 관련기관 및 업체간 회의비
  - 회의장 및 행사장 임차료
  - 초청연사비(초청연사 섭외비, 숙박비, 항공료, 원고료 및 번역료 등 포함)
  - 시청각장비 및 동시통역장비 등 임차료
  - 동시통역사 용역비
  - 발표자료 제작비
  - 회의장내 장식비(꽃장식, 현수막, 배너 등)
  - 커피브레이크 경비 등

· 연회행사비
  - 만찬(칵테일파티 및 환영 · 송 만찬)
  - 오찬
  - 공연비(만찬, 오찬, 사교행사 등)

- 인테리어비용(현수막, 배너, 꽃수반 등)
- 행사장 임차료 및 장비 임차료 등

· 홍보비
- 기자간담회 및 기자회견비
- 로고, Emblem 및 포스터 제작비
- 홍보활동비
- Brochure 및 Press Kits 등의 홍보물 및 홍보책자 제작비
- 각종 현수막, 홍보탑 및 환영간판 등 제작비
- 사진촬영비
- 기자실 임차료
- 기자실용 사무기기 및 장비 임차료
- 기념우표 및 기념담배 등 제작비
- 발송비(홍보물 및 홍보책자 등) 등

· 광고선전비
- 방송 광고비
- 신문광고비
- 잡지 및 디렉토리 광고비
- 지하철 방송 및 광고 게재비 등

· 관광비
- 참가자 공식관광(이벤트행사 등)
- 동반자관광
- 회의 전후 관광

· 수송비
- VIP차량 운영비
- 입출국 수송
- 셔틀버스(공항/호텔, 호텔/회의장, 회의장/행사장) 임대 및 운영비

- 공식관광 및 동반자관광(이벤트 행사 등)

· 전시회비
  - 전시장 임차료
  - 전시장 시설 및 기본부스 설치비
  - 전시회 사무실 임차료 및 운영비
  - 전시회 사무실 사무기기 및 사무용품비)
  - 인쇄비(전시회 관련 각종양식, Brochure, 전시디렉토리 등)
  - 각종 장비 및 시설 사용료
  - 전시회 운영요원 인건비 등

⑤ 예비비
총지출예상금액의 10% 내외

제2장 회의분야

국제회의를 개최함에 있어 무엇보다도 핵심적인 것이 회의 분야일 것이다.

회의 분야의 주요 업무는 프로그램 편성 및 강연내용 등에 관한 국제기구 사무국과의 협의, 그리고 초청연사의 선정에 관한 국제기구 사무국과의 협의와 연설문, 발표문, 공동성명서 등의 접수·배포 및 편집, 회의진행 전문요원의 확보·관리(사회자, 동시통역사, 속기사 등),개·폐회식 기획 진행 및 각종 회의장 확보 등이다. 이미 국제회의의 개념 등은 앞에서 설명하였으므로 생략하고 회의 분야의 주요 업무를 살펴보면 다음과 같다.

1. 국제회의 프로그램 기획

일단 국제회의가 국내에서 개최하기로 결정되면 회의 참석범위, 회의일정, 의제 등 회의 개최 및 진행에 관한 제반사항에 대해 국제기구 사무국과 충분한 협의를 하여야 한다. 또한 사무국과 개최국 간에는 회의 참가자의 특권과 면제부여, 참가자의 비자 발급 협조, 편의 제공, 예산 부담 등에 관하여 사전에 합의가 이루어진다. 통상 이러한 합의는 국제기구의 규칙에 규정되어 있는 것이 아니므로 서한의 교환 또는 합의서 형태로 이루어진다.

프로그램 기획절차

11. Select Suppliers	12. Pre-Conference Opening		13. On-Site Operation	14. Direction of Program		15. Post Conference
7. Select Speakers		8. Invite Speakers		9. Ask Speakers to Supply		10. Supply to Speakers
4. Identify Topics			5. Schedule Program		6. Design Program	
2. Administration				3. Research Subject		
1. Establish Foundation						

또한 국제회의의 프로그램을 편성하는 데에는 그동안 수많은 국제회의를 경험한 국제기구 사무국으로부터 각종 어려움이나 기술적인 지원 등을 해결할 수 있으므로 긴밀한 협조가 필요하다.

그리고 국제회의를 성공적으로 개최하기 위해서는 국제회의의 유치부터 회의 종료 후의 마무리까지의 회의 전반에 대한 흐름 및 고려사항을 숙지하고 있어야 한다. 이러한 국제회의의 프로그램을 기획하는 데 필요한 고려사항을 Coleman Lee Finkel이 구분한 것처럼 15단계로 나눌 수 있으나(위의 표 참조), 준비기간에 따라 각 단계가 병합되어 이루어지기도 한다.

① 제1단계: Establish Foundation (기본요소 결정)
 · Objectives(목표 설정)
 · Policies(운영방침 결정)
 · Dates(일시 확정)
 · Budget(예산 편성 및 확보)
 · Location(지리적 위치를 고려한 장소 선정)
 · Audience(회의 참가대상의 범위)
 · Social function(만찬이나 동반자관광 등의 사교행사 계획 수립)

② 제2단계: Administration(운영관리)
 · Facility selection(회의 및 전시 시설 등 회의 운영에 적합한 시설물 선정)
 · Facility instruction(시설물에 대한 설비계획)
 · Transportation(항공편 및 이동 수단 등 교통수단 결정)

· Staffing(조직위원회 및 사무국 등 회의 개최에 필요한 인원 구성)

· Room arrangement(국제회의 참가자들을 위한 호텔 및 회의장 확보)

· Workbooks, Badges(업무 편람 작성 및 배지, Emblem 제작)

· Food & Beverage (식음료서비스)

· Registration(등록)

③ 제3단계: Research Subject(조사연구대상)

· Field interview(현장인터뷰)

· Questionnaire(설문조사)

· Articles(신문기사)

· Committee(위원회 의견)

④ 제4단계: Identify Topics(주제설정)

· Problems(현재의 문제점 파악)

· Trends(일반적 추세를 검토)

· Interests(회원국 등의 관심분야를 고려)

· Needs(주제의 필요성을 고찰)

· Practices(구체적 실행방법)

⑤ 제5단계: Schedule Program (프로그램 기획)

· Number of sessions(총회, 분야별 회의 등 개최할 회의 수 결정)

· Timing of day(시간별 진행계획 결정)

· Tracks(진행방식의 결정)

· Subjects in each session(각 회의별 주제 선정)

⑥ 제6단계: Design Program (프로그램 설계)

· Talks(연설내용)

· Workshops(워크숍)

· Participative projects(각 회의별 발표자 및 참가자 등의 회의 참여유도계획 수립)

· Panels(패널토의)

· Demonstrations(사례소개)

· Teleconferencing(원격지 회의)

· Video cassettes, movies(비디오,영화)

· Roundtables(원탁회의)

· Room setups(각 회의실의 룸배치)

· Staging(회의장내 무대배치)

⑦ 제7단계: Select Speakers(연사선정)

· Sources for names(주제와 관련된 전문가 등 연사 선택 정보 수집)

· Committee(위원회의 의견 수렴)

· Consultants(자문위원 등의 의견 수렴)

· Venders(소개인의 추천)

· Staff(스텝진의 추천)

· Editors(편집인의 의견수렴)

· Associations(협회 의견 수렴)

⑧ 제8단계: Invite Speakers(연사 초빙)

· Telephone(전화)

· Letters(서신)

· Instructions(통지)

· Follow-up(확인)

⑨ 제9단계: Ask Speakers to Supply(연사 요청사항)

· Biographies(연사의 약력 및 자기소개서)

· Talks(연설내용)

· Visual needs(시청각장비 필요 유무)

· Handouts(발표자료)

⑩ 제10단계: Supply to Speakers(연사 지원사항)

· Hotel needs(연사 호텔 예약 등 확인)

· Travel arrangements(여행수배)

· Handout Reproduction(발표자료 복사물 제작)

· Hospitality(영접)

⑪ 제11단계: Select Suppliers(공급업자 선정)

· Audiovisual(시청각교재)

· Computers(컴퓨터)

· Printing, reproduction(인쇄업자)

· Flowers(꽃장식업체)

· Photography(사진업체)

· Security(보안업체)

· Transportation(항공사 및 관광업체 등 수송업체)

· Shipping(해운업체)

· Ground arrangements(지상조업체)

⑫ 제12단계: Pre-Conference Opening(회의 사전점검)

· Hotel review(호텔 재점검)

· Meeting room setup(회의실 배치)

· Audio setup(오디오시설 설치)

· Lighting controls(조명시설 확인)

· Projection coordination(영상기기 이용)

· Registration setup(등록 점검)

⑬ 제13단계: On-Site Operation(현장 운영)

· Registration(등록데스크 운영)

· Staff(회의장 운영요원 등 현장요원 확인)

· Hotel coordination(호텔 협조)

· Handouts(발표자 및 참가자, 기자 등에게 각종 유인물 배포)

· Messages(각종 안내사항 공지)

· Supplies(안내책자 등 각종 인쇄물 및 기념품, 사무용품 등)

· Equipment(장비)

⑭ 제14단계: Direction of Program(프로그램 확인)
· Speaker briefing(연사 브리핑)
· Session checkup(회의 총 점검)
· Press room(기자실)

⑮ 제15단계: Post Conference(회의 종료 후)
· Thank-yous(회의 참가자, 발표자 및 스폰서 등 회의 지원대상에 대한 감사표시)
· Bill review(국제회의 개최 비용에 대한 경비사용내역 확인)
· Evaluation(국제회의 개최 성과에 대한 평가)
· Staff review(스태프진 평가)

2. 국제회의 프로그램 작성

국제회의는 다양한 종류의 프로그램의 집합체이며, 프로그램은 해당 국제회의의 종류와 관례 등에 따라 상이하지만 통상적으로 회의의 개회식과 폐회식, 각종 회의, 기자회견, 연회나 관광 등 사교행사, 전시회 등으로 구성된다. 각 프로그램은 가능한 많은 참가자를 유도할 수 있도록 다양하고 효율적으로 구성하여야 하는데 그러기 위해서는 각종 행사의 구성과 이의 효율적인 실행방법 등을 감안하여 결정하여야 한다. 참가자 다수가 관심을 갖을 만한 회의주제와 연사의 선정여부나 다양한 진행방법 등 프로그램의 구성과 내용이 국제회의의 성공의 전제인 참가자 수에 많은 영향을 미칠 수 있다.

행사 프로그램은 해당 국제기구와 주최 측이 협의하여 결정하는 것이 일반적이며, 대부분의 국제회의는 기본이 되는 골격을 갖고 있으므로 프로그램을 구성할 때에는 과거의 프로그램을 참고로 하여 작성하되, 주최 측에서 변경이 가능한 부분은 주최 측과 주최국의 특성을 살릴 수 있는 요소를 가미하여 해당회의를 부각시키는 것이 필요하다. 프로그램의 작성은 가능한 한 조기에 작성하여 확정하는 것이 집행계획이나 실행을 위하여 바람직하기 때문에 해당회의가 유치되면 회의장소의 결정과 병행하여 최우선적으로 처리하여야 할 업무이다.

1) 회의 프로그램

(1) 회의의 구성

국제회의 프로그램 중에서 가장 중추적인 것이 회의 프로그램이다. 회의는 등록된 참가자 전원을 대상으로 하는 전체회의와 정해진 자격을 갖춘 회원이 참가하는 회의 및 해당 국제기구의 임원들이 참석하는 회의 등의 소집단회의로 나눌 수 있다. 즉, 개회식 및 폐회식 등 전체 회원이 참가하는 Plenary Sessions(General Sessions)와 일부참가자만을 대상으로 하여 주제를 심도있게 토의하는 Breakout Sessions(Workshop, Round Tables)가 있다.

Breakout Sessions는 같은 시간대에 서로 다른 주제를 다루는 여러 개의 소집단회의가 개최되는 Concurrent Sessions와 일정한 참가자격을 부여함으로써 참가대상을 제한하는 소집단 회의인 Prerequisite Sessions로 나눈다. 국제회의 프로그램을 작성할 때는 이러한 전체회의 및 소집단회의들을 적절히 구성하여 참가자들이 흥미를 갖고 참석할 수 있도록 해야 하며, 특정계층 인사들에게 편중되지 않고 너무 빡빡하게 스케줄을 편성하지 않도록 하여 참가자들이 여유를 가지고 참석할 수 있도록 하여야 한다.

(2) 회의 일정 결정

회의의 형태를 결정한 후에는 회의별로 시간배정을 해야 한다. 시간배정은 주로 일자별/시간대별로 배정하여야 하는데, 통상적으로 회의일정은 매일 오전 09:00부터 16:30~17:00정도까지 개최하고 그동안 3~4개의 Session을 개최하는 것이 바람직하며, 그 이후의 시간은 연회 등 각종 사교행사에 할애하면 된다. 그리고 각각의 Session별로 참가자가 구분될 수 있을 경우에는 동시에 여러 개의 Session을 개최할 수 있는데, 장소가 허락한다면 동시에 2~3개의 Session을 개최하여 참가자들의 선택의 폭을 넓히고 회의 참여율도 높이는 효과를 가져올 수 있다.

(3) Coffee break 배정

매일 각 Session의 중간 중간에는 20~30분 내외의 커피브레이크 등 휴식시간을 배정해야 한다.

(4) 회의진행방법 결정

회의 일정이 결정되면 다음에는 진행방법을 결정하여야 하는데, 진행방법에는 일방적인 연사의 연설을 경청하는 강연회형태, 하나의 주제에 대하여 서로 견해를 달리하는 수명의 패널리스트가 각자의 의견을 발표하고 이에 대하여 토론을 벌이는 심포지엄/포럼형태, 참가자들을 소단위 그룹으로 편성하여 주어진 문제를 해결하는 방식의 Round Table형태 등을 회의성격에 맞춰 적절히 계획하여야 한다.

2) 연회 프로그램

연회 프로그램에는 만찬, 오찬, 커피 브레이크 및 기타 사교행사에 부대되는 행사 등이 있으며, 연회 프로그램은 해당 국제회의 관례에 따라 주최하는 Host가 기본적으로 결정되어 있는 행사와 주최 측에서 임의로 Host를 섭외하여 개최하는 행사로 구분할 수 있다. 해당 국제회의의 관례에 따라 주최하는 Host가 정해진 행사에 대하여는 프로그램 작성 시에는 잠정적인 시간만 결정하면 되고, 행사의 세부내용은 프로그램 확정 후에 단계별로 준비를 이행하면 된다.

주최 측에서 임의로 구성하는 행사는 연회 프로그램 확정에서 가장 중요한 단계이다. 주최 측에서 섭외하는 Host로는 대통령, 장관 및 지방자치단체장 등과 관련기업이나 단체가 대상이며, 이 들 Host를 섭외하여 프로그램을 확정하는 데는 많은 시간이 소요되므로 미리 미리 준비해야 한다.

정부나 지자체가 주최하는 행사를 개최하려면 참가자의 수준이나 해당국가에서의 평균적 지위 등을 고려하여 해당행사의 격에 맞는 수준의 인사를 선정하여야 하며, 관련기업이나 단체는 해당행사의 참가자들에게 마케팅이나 홍보를 필요로 하는 기업이나 단체를 우선적으로 선정하여야 한다.

연회행사는 회의참가자들에게 사교의 장을 제공하여 주최 측과 참가자 상호간의 유대강화, 국제회의 전반에 걸쳐 활력제공 등 자칫 딱딱해질 수 있는 분위기를 완화하는 역할을 담당한다. 따라서 공식적인 스케줄에서 특정인사를 대상으로 한 행사를 제외하고는 전 참가자에게 공식적으로 참가자격이 주어지며, 주최 측에서 모든 비용을 부담하고 행사참가자는 무료로 초대된다.

Host를 초빙하는 행사는 프로그램의 확정이 조기에 완료되면 해당정부기관이나 지자체에 해당행사의 개최에 대한 경비예산을 자체예산 편성 시 반영토록 요청할 수 있으나, 프로그램의 확정이 지연되거나 Host측에서 경비부담이 불가능할 경우에는 주최 측에서 행사경비의 부담을 고려하여야 한다.

3) 관광 프로그램

관광프로그램을 크게 참가대표단을 위한 행사와 대표단의 동반자를 대상으로 하는 행사로 구분한다. 따라서 참가대표단을 위한 행사는 국제회의의 개최기간 이전이나 이후에 실시하며, 비용부담은 참가자 개인이 부담하는 것이 일반적이나 회의 중에 개최하는 특별한 관광행사는 주최 측에서 비용을 부담하는 것이 일반적이다.

동반자관광은 회의기간 중에 대표단이 공식회의에 참가하는 시간에 개최하는 것이 일반적이며, 참가대상은 동반자들과 대표단들 중에서도 회의 스케줄이 없거나 동반자와 같이 행사에 참가하려는 사람이 그 대상이 된다. 진행시간은 보통 회의개시시간보다 약간 늦게 또는 빠르게 출발하여 회의종료이전에 출발장소로 돌아오는 당일코스가 일반적이며, 주로 그 나라의 문화예술이나 관광명소를 방문하는 것으로 구성된다.

회의기간 중에 실시되는 관광행사는 관광코스, 식음료 제공계획 및 비용부담 등을 회의 주최 측에서 관광행사를 담당하는 여행사측과 협의하여 결정하는 것이 바람직하며, 회의개최 전·후에 실시하는 관광행사는 주최 측에서 간여치 않고 여행사에서 코스나 가격 등을 결정하여 시행하는 것이 일반적이다.

회의기간 종료 후에 실시하는 관광행사 중 회의와 관련한 시설의 시찰 등은 주최 측에서 행사요원이 동행하여 진행을 담당하며, 실시목적은 Promotion이나 국가의 발전상을 홍보하는 측면이 주를 이룬다.

동반자관광행사 등은 참가자들의 흥미를 돋우고 참여의식을 고취하기 위하여 참가자들이 스스로 참가하여 즐길 수 있는 프로그램을 삽입하는 것이 좋으며, 진행형태는 한 장소에서 여러 가지 프로그램을 계획하는 방법과 참가자를 시간별로 장소를 이동하여 방문토록 하는 방법 등이 있다.

회의개최 전·후에 개최되는 관광행사는 기간별, 코스별로 가급적 다양하게 편성토록 여행사에 주문하여 실시하는 것이 바람직하다. 규모가 큰 국제회의라면 참가대표단만을 위한 관광행사로도 참가자를 어렵지 않게 유치할 수 있는 반면, 규모가 상대적으로 작은 행사는 해당 국제회의 참가자만으로는 별도의 관광코스를 개발하거나 운용할 수 없는 경우가 있으므로 이런 경우에는 공식 여행사가 운영하는 코스에 함께 참여토록 하는 방법도 가능하다.

4) 산업시찰

산업시찰은 회의내용의 보충을 위하여 국제회의와 관련한 자국의 해당산업 현장을 방문하거나, 자국의 첨단산업시설을 방문하여 자국의 첨단산업의 홍보 등의 목적을 위하여 실시하는데, 통상적으로 공식적인 국제회의 스케줄이 종료된 후에 희망자를 대상으로 실시하는 것이 일반적이다.

5) 전시회

전시회는 크게 나누어 영리적 목적이 없이 해당 국제회의와 관련한 자료나 물품 등을 전시하는 형태와 국제회의와 관련이 있는 기업 및 단체가 영리목적으로 관련 상품을 Promotion하기 위하여 실시하는 형태로 구분할 수 있다.

전시회의 개최장소는 회의장과 인접하여 회의참가자들이 수시로 방문할 수 있는 위치에서 개최하는 것이 필요하며, 해당 국제회의 참가자들이 관심을 가질 수 있는 내용으로 구성하는 것이 전시회를 활성화하고 관련업계의 적극적인 참여를 유도할 수 있다.

3. 국제회의 프로그램 작성 예시

전편에서 작성한 국제회의 준비계획서와 국제회의 준비일정 및 역할분담을 토대로 국제회의를 기획하고 준비하게 되면 국제회의는 성공리에 개최할 수 있을 것이다. 그리고 국제회의의 모든 것이라고 할 수 있는 프로그램을 기획하는 데 도움이 될 수 있도록 하기 위해 프로그램을 작성하여 보면 다음과 같다.

1) Program

The First Day

09:00 - 18:00 Registration/Information

The Second Day

07:30 - 18:00 Registration/Information

09:00 - 17:00 Delegates and Accompanying Persons Tour

09:00 - 16:30 Regional Board Meeting

10:00 - 11:30 Associates Meeting

18:30 - 21:30 Welcome Reception

The Third Day

07:30 - 18:00 Registration/Information

07:30 - 09:00 Breakfast

09:00 - 09:45 Opening Ceremonies

09:45 - 10:00 Coffee Break

10:00 - 11:15 A Session

11:30 - 13:45 Reception/Lunch

14:00 - 16:00 A Session(continued)

16:00 - 16:10 Coffee Break

16:10 - 17:00 Regional Assembly I (Members Only)

17:00 - 18:30 Open

18:30 - 22:00 Reception & Dinner

The Forth Day

07:30 - 18:00 Registration/Information

07:30 - 09:00 Breakfast

07:30 - 08:30 Associates Meeting with Regional Executive

        (Continental Breakfast)

08:30 - 10:00	B Session
08:30 - 10:00	C Session
10:00 - 10:15	Coffee Break
10:15 - 12:00	B Session(Cont'd)
10:15 - 12:00	C Session(Cont'd)
12:00 - 13:15	Lunch
13:15 - 14:45	D Session
14:45 - 15:00	Coffee Break
15:00 - 17:00	E Session
17:00	Open Evening

The Fifth Day

07:30 - 12:00	Registration/Information
07:30 - 09:00	Breakfast
08:15 - 10:15	F Session
10:15 - 10:30	Coffee Break
10:30 - 11:30	Reginal Assembly II (Members only)
11:45 - 18:00	Golf Tournament
	R.S.V.P. at Registration Desk the third day by 18:00
11:45 - 16:45	Delegates & Accompanying Persons Tour
18:00 - 18:20	Buses depart from Hotel
18:30 - 22:00	Farewell Reception & Dinner

The Sixth Day

Optional day tour to ……. (additional charges apply. Program subject to change.)

R.S.V.P. at Registration Desk the third day by 18:00.

2) Guest Programs and Tours

The Second Day

09:00	Bus departs from Hotel
09:00 - 10:30	Bus Tour of A(Optional)
10:30	Bus Returns to Hotel
10:35	Bus departs from Hotel
11:00 - 12:30	Tour of the B
12:35	Bus departs B
13:00 - 14:30	Lunch at the ......
14:35	Bus departs the ......
15:00 - 16:30	Tour of C
16:35	Bus departs C
17:00	Bus returns to Hotel
17:00 - 18:30	Free Time
18:30 - 21:30	Welcome Reception

The Third Day

07:30 - 09:00	Breakfast
09:00 - 09:45	Opening Ceremonies
11:15	Bus departs from Hotel
11:30 - 13:00	Lunch at ......
13:05	Bus departs ......
13:30 - 15:00	Tour of D
15:00 - 18:00	Walk & Shop E street / Free Time
※16:00 - 17:30	Shuttles depart E Street for Hotel every 30 minutes
18:30 - 22:00	Reception & Dinner

The Fourth Day

07:30 - 08:30	Breakfast

08:35	Bus departs from Hotel
10:00 - 11:30	Tour of F-1
11:30 - 13:30	Lunch at ......
13:30 - 15:00	Tour of F-2
15:05	Bus departs F for Hotel
16:30	Free Afternoon/Evening

The Fifth Day

07:30 - 09:00	Breakfast
09:30	Bus departs from Hotel (accompanying persons)
09:45 - 11:15	Walk & Shop G Road
11:15	Bus departs G Road for pick-up at Hotel
11:45	Bus departs from Hotel (accompanying persons & delegates)
12:00 - 13:45	Lunch at ......
13:50	Bus departs ......
14:30 - 16:30	Tour of H
16:35	Bus departs H for Hotel
17:15 - 18:00	Free Time
18:00 - 18:20	Buses depart from Hotel
18:30 - 22:00	Farewell Reception & Dinner

The Sixth Day

(Optional Day in I)

07:30	Bus departs from Hotel
10:30 - 12:00	Tour of I-1
12:00 - 13:00	Lunch at ......
13:00 - 16:30	Free Time
16:30	Meet at the front doors of I-1

16:35	Bus departs I-1
17:00 - 19:30	Dinner and Tour at I-2
19:35	Bus departs I-2 for Hotel
22:35	Bus arrives at Hotel

※ We need to make travel reservations on your behalf for your trip to I. If you have not already registered please do so by advising the registration desk no later than the Third day evening (or you may also drop off the attached registration card at the registration desk if you prefer). There is an additional charge for this day $ *** US(₩ xxx Korea). Please pay at the time of registering.

3) 실제 프로그램 예시(국문) : 제1차 APEC 해양장관회의

<u>2002. 4. 21 (일)</u>

| 14:00 - 20:00 | 등록 |

<u>2002. 4. 22 (월)</u>

09:00 - 09:30	고위급회의 개회식
09:30 - 10:00	커피브레이크
10:00 - 12:00	해양고위급회의 및 수산고위급회의
12:00 - 14:00	오찬
14:00 - 15:30	해양고위급회의 및 수산고위급회의
15:30 - 16:00	커피브레이크
16:00 - 17:00	해양고위급회의 및 수산고위급회의
18:00 - 20:30	고위급환영만찬(주최: 해양수산부차관)

<u>2002. 4. 23 (화)</u>

| 09:00 - 10:30 | 해양고위급회의 및 수산고위급회의 |
| 10:30 - 11:00 | 커피브레이크 |

11:00 - 12:00	해양고위급회의 및 수산고위급회의
12:00 - 14:00	오찬
14:00 - 15:30	합동고위급회의
15:30 - 16:00	커피브레이크
16:00 - 17:00	합동고위급회의
18:00 - 20:30	Sea Food Festival

2002. 4. 24 (수)

09:00 - 10:00	합동고위급회의
10:00 - 18:00	강화도 관광(option)
14:00 - 18:00	서울시내관광(option)

2002. 4. 25 (목)

11:00 - 11:30	장관급회의 개회식
12:00 - 14:00	오찬
14:00 - 15:30	장관급회의
15:30 - 16:00	커피브레이크
16:00 - 17:00	장관급회의
18:30 - 21:00	환영만찬(주최: 해양수산부장관)

2002. 4. 26 (금)

09:00 - 10:30	장관급회의
10:30 - 11:00	커피브레이크
11:00 - 11:30	장관급회의
11:30 - 12:00	기자회견
12:00 - 13:30	오찬(주최: 서울특별시장)
14:10 - 15:30	청와대 예방
19:00 - 22:00	환송만찬

※ 동반자관광

2002. 4. 26. 09:30 - 16:00   북악스카이웨이, 삼청각, 창덕궁, 인사동

4. 회의장 선정 및 확보

국제회의를 유치·운영하는 데 가장 기본적인 요건은 회의 참가자를 수용할 수 있는 회의장시설의 유무이다. 우리나라는 2008년 현재 서울에 있는 7,000석 규모의 COEX를 비롯하여 부산, 대구, 제주, 경기, 광주, 창원, 대전 및 인천에 위치한 9개의 전문 국제회의장이 있고, 이미 국제회의를 개최하였던 호텔 등이 100여개소가 있다. 따라서 국제회의 유치가 확정되면 바로 회의장을 선정하여야 한다. 회의장을 선택하기 위해서는 다음과 같은 방법을 참고하여 선정하면 된다.

- 해당 국제기구가 전에 개최했던 국제회의 프로그램과 참가규모 등의 자료를 수집한다.
- 수집한 자료를 토대로 외국인 참가자의 규모를 추정하고, 내국인의 참가 규모를 합산하여 국제회의의 참가규모를 추정한다.
- 전시회가 병행되는지 여부를 확인하고, 그 규모를 파악한다.
- 추정된 회의 참가규모를 수용할 수 있는 대회의실과 동시에 개최할 수 있는 중소규모의 회의실 및 전시회를 개최할 수 있는 회의장을 보유한 호텔 및 전문국제회의장을 1차 선정한다.
- 1차 선정된 회의장소와 참가자들이 숙박할 수 있는 숙박시설 여부 및 이동수단에 대해 종합적으로 분석하여 회의장 및 숙박시설을 2차 선정한다.
- 2차 선정된 회의장소와 숙박시설이 해당 회의기간에 이용가능한지를 확인한다.
- 확인된 회의장소 및 숙박시설의 객실료 및 사용료 등을 국제기구 사무국과 협의하여 최종 결정한 후 계약을 맺는다.

5. 의제 및 연사 등의 선정

국제회의의 의제 및 연사는 회의의 성격이나 규모에 따라 다르지만 주로 의제는 개최국의 제안을 통해 국제기구의 이사회 등에서 확정되며, 연사나 각 Session의 의장 및 연사는 개최국에서 추천한 사람들과 국제기구 자체에서 추천한 사람들 중에서 선정하게 된다. 의제 및 연사가 선정되면 다음과 같은 절차를 통해 회의 준비를 마무리한다.

- 의제는 공식 프로그램에 등록하고 연사로 선정되었음을 본인에게 통보한다.
- 외국의 발표자로부터 약력 및 사진 등을 접수하고 초청조건 등을 확정한다.
- 초청연사가 회의에 참가하여 발표하는데 지장이 없도록 등록이나 숙박, 항공권 등을 파악하여 관리한다.
- 정해진 시간 내에 연사가 발표할 자료를 준비하여 제출할 수 있도록 충분한 시간을 주고, 각 Session에 참여할 토론자 및 타 연사의 발표내용 등 구체적인 회의 진행 계획을 알려준다.
- 회의 전까지 발표자와 지속적인 관계를 유지하여 회의 진행에 차질이 없도록 한다.
- 모든 발표자로부터 발표자료를 접수하면 각 Session별로 발간물을 제작하여 등록 시 배포한다.

6. 회의장 및 회의 준비

1) 회의장의 좌석배치방법

회의장의 좌석배치방법은 다양해서 발표방법이나 회의형태, 참가자의 규모 등에 따라 여러 가지 형태로 할 수 있다. 회의장 좌석 배치 형태는 주로 Auditorium, U자형, E자형, T자형, Board of directors형, Oval형, Hollow Square형, Horseshoe형, Hollow Circle형, Schoolroom형 및 Round Table형이 있다.

(1) Auditorium

연사 또는 Head table을 향하여 좌석을 배열하는 방식으로 Conventional style과 Semicircular, Center aisle 또는 Senate style setup형 그리고 Semicircular with center block and curved wings형이 있다.

① Conventional style

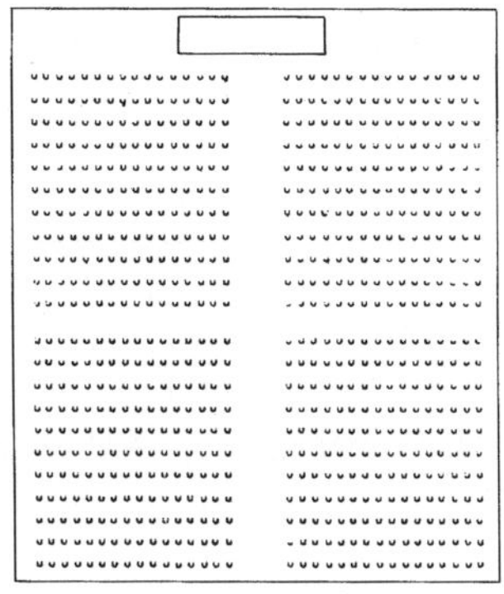

② Semicircular(Center aisle 또는 Senate style setup)형 : 정 중앙에 통로를 둔다.

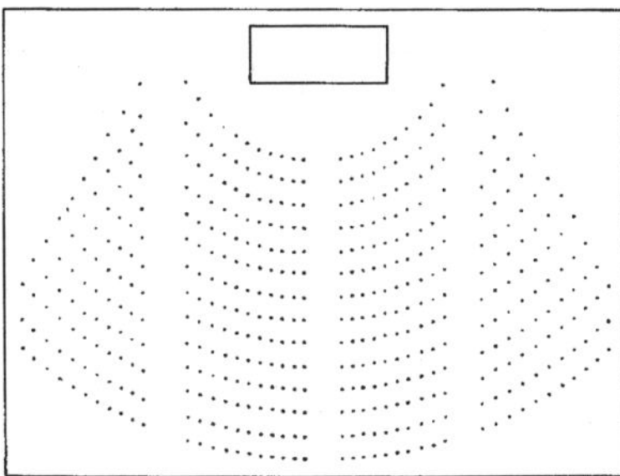

③ Semicircular with center block and curved wings형 : 정 중앙을 폐쇄한다.

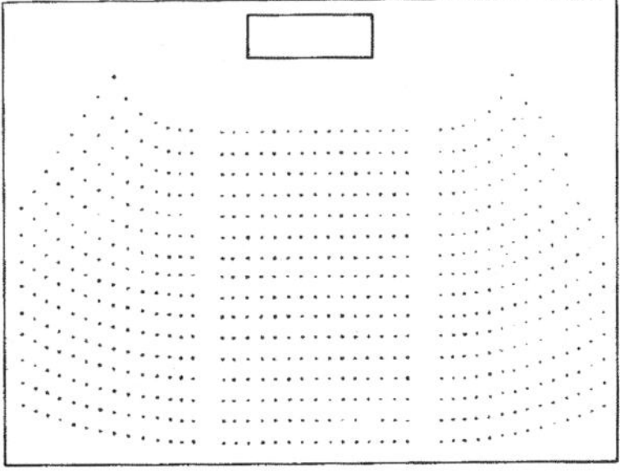

(2) U자형

참가인원이 60명 내외인 회의에 적합하다.

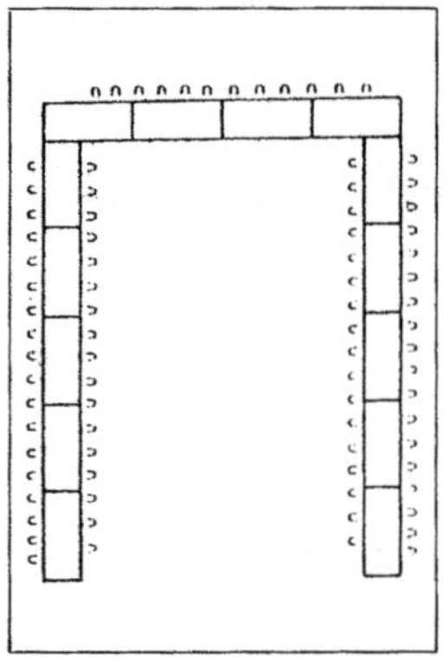

(3) E자형

내부에 앉은 사람들의 출입에 지장이 없도록 충분한 간격을 둔다.

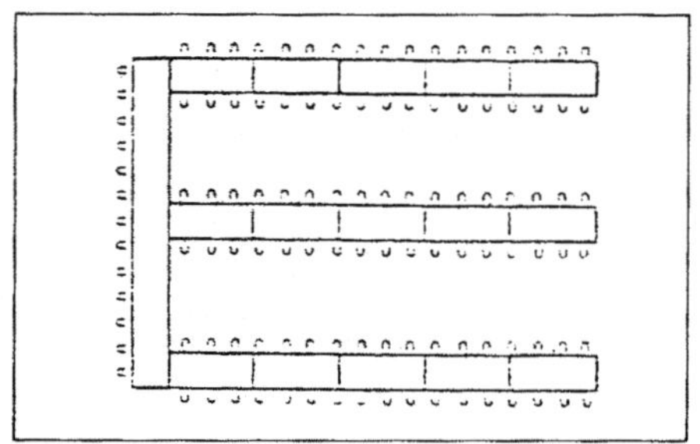

(4) T자형

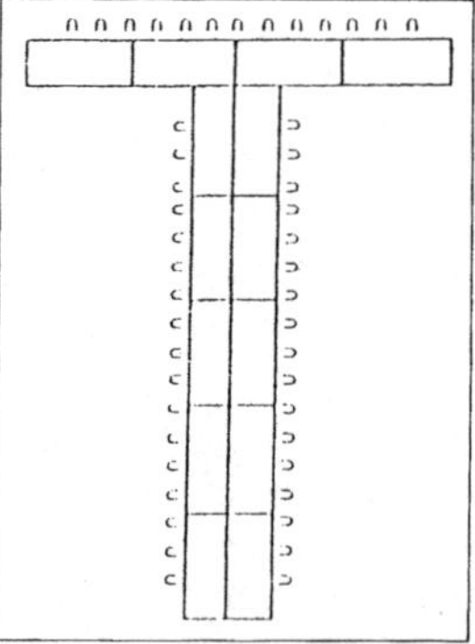

(5) Board of Director형

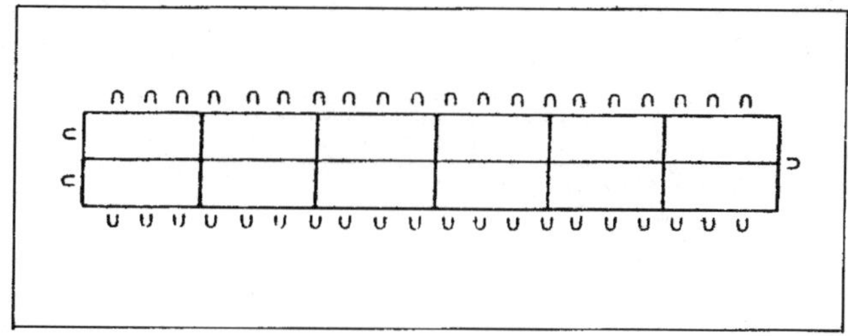

(6) Oval형

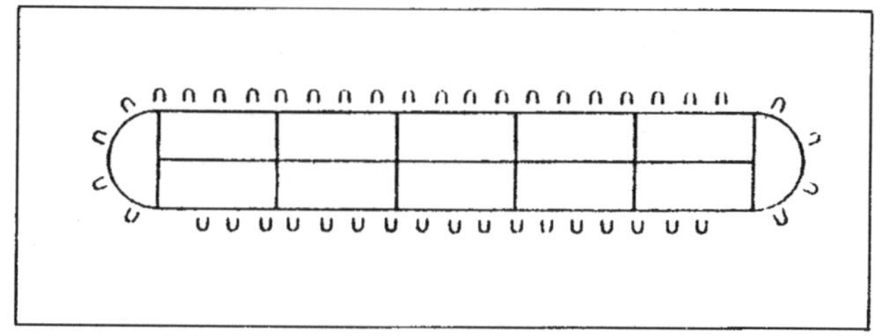

(7) Hollow square형

U자형의 비어있는 한쪽마저 완전히 막고 외부 쪽에만 의자를 배열한다.

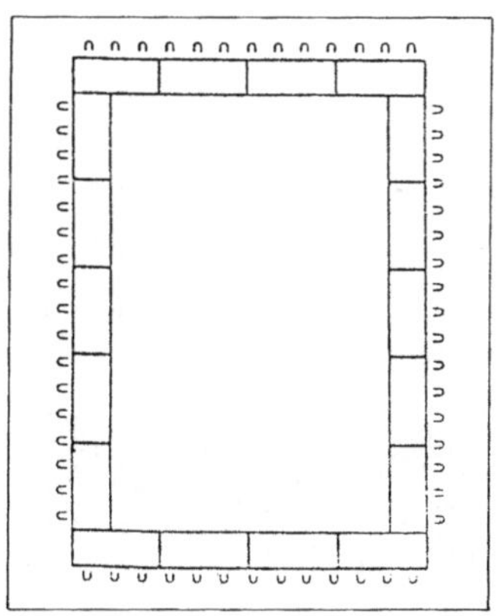

(8) Horseshoe형

U자형과 같으나 Head table과 연결되는 모서리 부분을 둥근 테이블로 연결한다.

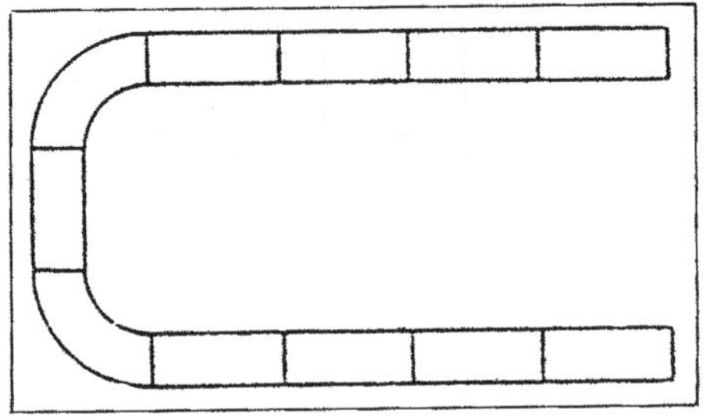

(9) Hollow Circular형

Horseshoe와 같은 배치방법이나 모두 막혀있다.

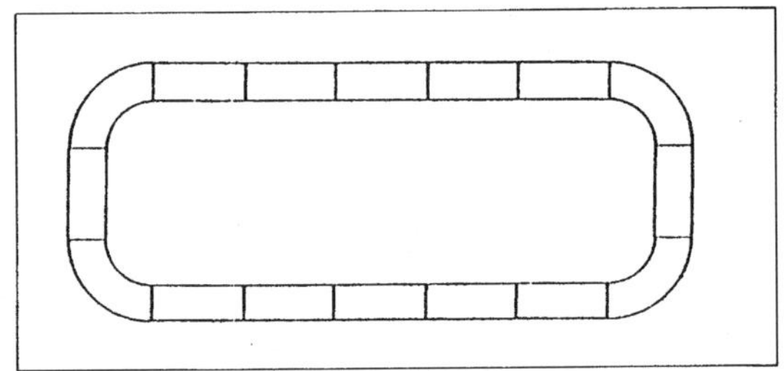

(10) Schoolroom형

회의실 중앙 통로를 중심으로 양옆에 테이블 2~3개를 붙여 정면 Head table과 마주 보게 배열한다.

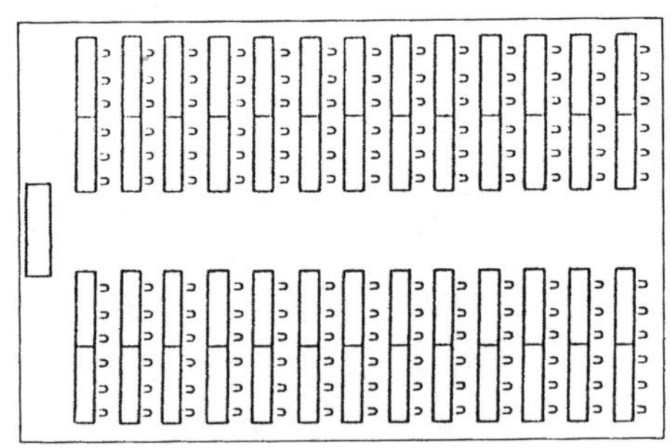

(11) Round Table형

스카우트나 여성클럽들은 전통적으로 이 형태를 취하고 있으며, 이 형태는 회의 종료 후 그 자리에서 그룹토의를 진행할 수 있고, 오찬이나 만찬 등의 행사도 할 수 있다.

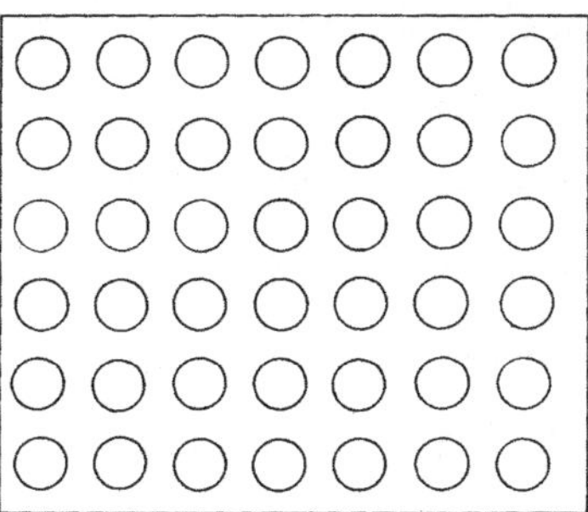

2) 개·폐회식 준비

소규모 회의를 제외한 대부분의 국제회의는 개·폐회식을 정식프로그램으로 선정하여 일정 형식을 갖추어 진행한다. 폐회식은 주로 마지막 회의가 종료될 때 폐회선언으로 간단히 끝나기 때문에 설명을 생략한다. 그러나 개회식은 해당 국제회의의 첫인상을 참가자에게 주는 중요한 행사로 행사는 간단하지만 소홀히 할 수 없으며, 우리나라의 경우는 특히 격식을 중요시 여기는 풍조가 강해 해외 귀빈보다도 오히려 국내 참가 귀빈을 더 신경쓰게 되는 경우가 많다. 따라서 개회식의 준비는 치밀하고도 체계적으로 준비해야 하며, 도상훈련은 물론 시나리오까지 작성하여 사전 리허설까지 해봐야 한다. 개회식을 준비할 때 필요한 사항 및 절차는 다음과 같다.

· 개회식 장소 선정
· 개회식 프로그램 수립
· 개회식 프로그램에 따른 세부추진계획 수립
· 개회식 국내외 초청대상 및 참석대상 파악
· 개회사, 환영사, 치사 및 축사 등 개회식에 필요한 VIP 및 사회자 선정: 국제회의마다 조금씩 다르지만 개회사는 주로 해당 협회의 회장이나 조직위원장이 하는 경우가 많고, 환영사의 경우는 해당 총회의 장 또는 조직위원장이 하는 경우가 많다. 치

사의 경우는 해당회의의 총책임을 맡고 있는 조직위원장보다 지위가 높은 사람들 주에서 선정하면 되며 축사는 국내외 VIP를 선정하되 1~2명이 바람직하다. 국내 인사가 대상일 경우 대부분 연설문 초안은 조직위원회에서 작성을 해 주어야 한다.

· 환영사 및 축사 등에 필요한 국내외 VIP가 있을 경우 초청장 발송 및 해당 연설문 입수 및 개회식 프로그램 인쇄
· 단상인사 선정 및 좌석 배치: 단상인사를 선정할 때는 회의장의 단상 규모와 의자 크기 등을 고려하여 단상인사의 수를 정한 후 그 대상을 선정하고 좌석 배치 시에 는 배열에 각별히 신경써야 한다.
· 개회식에 필요한 VIP 대기실 확보 및 영접요원 배치: 반드시 VIP 대기실을 확보하 고 영접요원을 배치하여 소홀함이 없어야 하며, 동시에 행사장에 들어갈 수 있도록 하여야 한다.
· 개회식에 동원될 연주자 및 필요한 멀티슬라이드 등의 확보 및 위치 선정
· 참석대상자 명찰, 안내표지판, 음료수, 각종 인쇄물 제작 및 비치
· 동시통역장비 및 스피커 볼륨 등 각종 행사장비 점검
· 도상 훈련 및 리허설

3) 동시통역 준비

(1) 통역의 정의
통역에는 크게 순차통역, 동시통역, Whispering통역이 있다.

· 순차통역: 2개 언어 위주로 이루어지며, 연사의 연설 후 통역사가 말을 전해 주고 통역이 끝나면 다시 연사가 말하는 것을 말한다. 그러나 시간 지연이 있으므로 국 제회의 등에서는 자주 사용되지 않고 기업간 거래, 사업적 회의 등에서 주로 사용 된다.
· 동시통역: 2개 이상의 언어가 가능하며 통역사가 통역 부스에서 발표자 등의 말을 Receiver를 통해 듣는 즉시 Microphone을 통해 다른 나라말로 옮기는 것을 말한다. 동시통역은 주로 국제회의나 학술회의 등에서 사용되나 통역사가 집중할 수 있는 시간이 한정되므로 두 명 이상의 통역사가 동시에 필요하다.

· Whispering 통역: 바로 옆에서 속삭이듯 하는 통역을 말하며, 동시통역과 거의 비슷하나 통역 장비없이 속삭이듯 말한다는 점이 다르다.

(2) 동시통역사 선정

국제회의에 필요한 동시통역사를 선정할 때는 국제회의통역사협회나 한국관광공사 등의 자문 및 추천을 받아 선정하면 편리하다. 그리고 동시통역사를 선정할 때는 발음이 정확하고 자연스러우면서도 생동감 있고 단조롭지 않은 음성을 지니고 있는 사람 중에서 능숙한 언어구사력, 광범위한 분야에 대한 폭넓은 지식과 상식, 언어의 이해 및 분석기술과 논리의 전개 및 유추능력을 보유한 사람을 선정해야 한다. 또한 선정된 동시통역사에게는 내용이 정확하게 전달될 수 있도록 원문과 통역내용이 일치하게 통역해 줄 것과 즉각적인 통역을 해줄 것을 요구해야 한다. 이렇게 하기 위해서는 국제회의 주최 측이 사전에 해당 국제회의에 대한 개요 및 성격 등 각종자료를 제공해야 하며 동시통역사는 그 것들을 숙지해야 한다. 실례로 저자가 준비했던 국제회의에서 우리나라 최고라는 동시통역사가 회사의 상호를 달리 통역하는 실수를 범하는 경우도 보았다.

(3) 동시통역관련 유의사항
· 연사의 명단 및 직책에 대한 정보 제공
· 발표원고 사전 제공
· 사전에 연사와 통역사의 Meeting 주선
· 통역부스 내의 음료수 및 조명 제공
· 통역부스 위치 선정 시 연단 및 스크린과의 위치 고려
· 연회 시 필요할 경우 각 테이블마다 통역사를 배치

4) 회의용 기자재 준비

회의마다 회의발표자들이 보조수단으로 이용하는 시청각 기자재가 다양하기 때문에 사전에 발표자들에게 필요한 기자재가 무엇인지를 파악하여 준비하여야 한다. 이러한 기자재는 시설업체나 기자재임대업체 또는 국제회의기획업체와 상의하여 준비하면 된다.

· Screen: 영상물을 상영하는데 필요한 영사막으로 고정형과 이동형이 있음.
· OHP(Over Head Projector): 아세테이트 혹은 투명필름에 작성하여 스크린에 투영하는 기기
· Slide Projector: 슬라이드 필름을 상영하는 기기
· Opaque Projector: 사진 또는 잡지 등 불투명한 인쇄물을 투시하는데 사용되는 기기
· Computer Video Projector: 최근 가장 많이 사용되는 기기로 컴퓨터 화면을 그대로 슬라이드처럼 영사하는 장치
· Multi-slide Projector: 슬라이드 필름을 동시다발로 상영하는 기기
· 영사기: 8㎜, 16㎜, 35㎜ 등 필름의 규격이 다양하고 교육 및 산업용으로는 주로 16㎜를 많이 사용
· Tape Record: 카세트테이프 또는 릴 테이프가 있음.
· Video: 테이프는 VHS와 BETA가 있으나 최근에는 거의 VHS가 주류를 이루며 NTSC방식과 PAL방식, SECAM방식이 있으므로 반드시 확인을 해야 함.
· Multi-vision: 여러 개의 화상으로 상영하는 기기
· Video-teleconferencing System: 화상회의에 필요한 시스템
· Holographic Projection: 3차원 영상으로 표현하는 기기
· 동시통역장비
· 유ㆍ무선 마이크 등

5) Coffee Break 준비

커피브레이크는 연속적으로 진행되는 회의참가자들의 지루함을 없애주고 기분전환을 위하여 커피나 홍차 등의 음료와 간단한 스낵류를 제공하는 행사이다. 커피브레이크는 보통 회의중간에 휴식시간을 배정하여 별도의 장소에서 실시하거나, 회의장 한편에 음료 등을 비치하여 놓고 회의참가자들이 회의 중 자유롭게 이용할 수 있도록 하는 등의 형태로 진행된다.

별도의 시간을 배정하여 Coffee Break를 실시할 경우에 장소는 보통 회의장 앞 로비나 인접한 룸에서 제공되는 것이 일반적이며, 시간은 오전 및 오후에 각각 한 번씩 하루에 두 번을 실시하고 소요시간은 30분내외가 적당하다.

제공되는 음식물은 커피와 차, 소프트드링크 등의 음료와 함께 비스킷, 롤빵 및 과일 등 오찬이나 만찬 시 부담을 주지 않을 정도의 음식물을 제공하며, 오전과 오후 등 시간대에 따라 구분하여 메뉴를 선정하는 지혜가 필요하다.

각종 음료의 제공시 용기는 반드시 찻잔을 사용하고 종이컵은 지양하여야 한다. 편의성 때문에 종이컵을 고려할 수 있으나 일부국가를 제외하고는 종이컵사용은 상당한 결례가 됨을 명심해야 한다.

회의장내에 음료테이블을 비치하거나, 별도로 장소를 마련하여 음료를 제공할 때는 음료가 부족하지 않도록 수시로 보충토록 호텔 측에 요청하여야 하며, 소요량에 대한 산정은 잔수보다는 일정단위 용량으로 계산하는 것이 바람직하다.

Coffee Break는 주최 측에서 회의의 일환으로 병행하여 제공하는 것이 일반적이다. 그러나 스폰서의 유치가 가능하다면 스폰서를 유치하여 행사유인물 등에 스폰서십을 명시해주거나 해당 행사시 Banner게시 등을 통한 자체 Promotion등을 일정범위 내에서 허가하는 등의 방법을 활용함으로써 행사개최에 관련업체의 참여를 많이 유도하고 주최 측으로서는 비용절감 등의 효과를 기대해 볼 수 있다. 스폰서 유치 시에는 참가자가 일정규모 이상되는 회의는 시간대별로 스폰서를 유치할 수도 있으며, 참가자 규모가 작은 회의는 회의 전체의 Coffee Break행사를 묶어 단일 회사에서 담당하는 방법 등을 활용할 수 있다.

6) 기타 준비사항

· 회의 전 발표자료 제작 및 배포
· 회의장 운영요원 확보, 교육 및 배치
· 회의장별 좌장 및 발표자, 토론자 선정
· 회의에 필요한 모든 자료, 장비 등의 예비품 확보 및 비치
· 현수막 및 안내표지판 등 제작 및 설치: 현수막이나 안내표지판, 명패 등은 회의장 또는 호텔과 거래가 있는 업체를 선정하면 그들은 이미 회의장에 대해서 잘 알고 있으므로 불필요한 시간을 절약

제3장 홍보분야

국제회의의 가장 핵심이 되는 분야가 회의분야라면 국제회의를 성공적으로 유치하거나 개최하는 데 가장 중요한 분야는 홍보분야일 것이다. 홍보를 소홀히 하거나 가벼이 여기면 국제회의를 유치한다는 것도 어렵지만 국제회의를 성공리에 개최하는 것은 더욱 더 어렵다.

홍보는 마케팅과 직접적인 연관이 있으나 마케팅보다 훨씬 더 범위가 넓다. 홍보는 일반적으로 개인이나 기업, 단체 또는 관공서 등이 일반 대중의 이해나 관심을 끌기 위해 스스로의 생각이나 계획, 활동, 업적 등을 널리는 활동을 의미한다. 이 장에서는 홍보활동을 국제회의 유치 전, 국제회의 유치 후 개최 전, 국제회의 기간 중, 국제회의 종료 후 등 4단계로 구분하여 설명할 것이다.

1. 국제회의 유치 전

국제회의를 유치하기 전에 하는 홍보전략이란 결국 국제회의를 유치하기 위한 전략이므로 주로 국제회의 시장을 대상으로 국제회의를 개최하고자 하는 장소에 대한 홍보전략이 필요하다. 국제회의 유치를 위한 홍보전략은 앞에서 이미 자세히 설명했으므로 생략한다.

2. 국제회의 유치 후 개최 전

국제회의의 유치가 결정되면 본격적인 홍보 및 마케팅 활동이 필요하게 된다. 국제회의에 최대한 많은 참가자가 참여하여야만 그 국제회의는 성공의 길로 갈 수 있기 때문이다. 국제회의 유치가 결정되면 조직위원회는 홍보분야 책임자를 지정하여 홍보를 자체에서 할 것인가 또는 홍보전문업체에 대행할 것인가를 결정해야 하며, 전체적인 홍보계획과 단계별 추진계획을 수립하여 시행해 나가야 한다.

1) 홍보대상 선정

- 국외 단체: 국제기구 및 협회 등의 각종 디렉토리 및 관련잡지 등의 자료를 수집하고 데이터화하여 그 중 홍보에 적합한 대상을 선정한다.
- 국외 개인: 과거 개최되었던 국제회의의 참가자 리스트 및 회원국 주요 관련인사의 리스트를 국제기구나 협회 등으로부터 입수하거나 회원명부 등을 이용해 홍보대상을 선정한다.
- 국내 단체 및 개인: 국내의 국제회의와 관련된 기관이나 단체 및 업체 등의 리스트를 선별하여 홍보대상을 선정한다.

2) 홍보매체 선정

예산에 맞춰 선정하되 각 홍보매체의 특징을 파악하여 최소의 비용으로 최대의 효과를 누릴 수 있도록 하여야 한다. 방송이나 신문, 잡지, 인터넷 등 매체의 종류가 다양하기 때문에 매체의 성격에 맞는 홍보 방법을 선정하여야 홍보효과를 극대화할 수 있다. 주요 홍보매체의 특징은 다음과 같다.

· Television: 전달범위가 광역적이고, 접근이 용이하며, 현장성이 있어 메시지 전달 효과 가장 커서 일반대중을 상대로 한 홍보에 유리하나 비용이 많이 든다. 특히 뉴스나 시사 토론 프로그램, 심층기획보도 등을 활용하면 기대이상의 효과를 거둘 수 있다.

· Radio: 비교적 비용이 적게 들고 특정프로그램에 의해 표적세분시장에 효과적으로 메시지를 전달할 수 있으나 메시지의 노출시간이 매우 짧다.

· 신문: 신축성과 적시성이 있는 매체로서 메시지를 빈번하게 제시할 때 유용하다. 국제회의 관련자가 독자투고란에 투고하거나 각종칼럼에 기고하면 홍보 효과를 높일 수 있다.

· 잡지: 높은 질의 색채인쇄가 필요할 때 좋으며 전문지를 이용하게 되면 선택적 독자에게 메시지를 효과적으로 전달할 수 있다. 또한 기사를 작성할 때는 잡지의 목적이나 주 대상 독자층, 주요 취급기사 등을 토대로 작성해야 하며, 토막뉴스나 기획기사를 투고하면 홍보효과를 높일 수 있다. 그러나 잡지는 다른 매체에 비해 신축성이 없고 빈번하게 메시지를 제시할 수 없다.

· DM(Direct Mail): 모든 매체 중에서 가장 개성적이며 직접적인 매체로서 목표시장에만 메시지를 전달할 수 있으나 목표시장을 정확하게 파악하기가 어려운 단점이 있다. 국제회의에 참가를 권유하는 데 주로 사용되는 방법이다.

· 기타: Brochure, 회원명부, Sales call, Tele-marketing 등

3) 홍보문안 작성 및 홍보물 제작

(1) 홍보문안 작성

홍보문안을 작성할 때는 선정된 매체에 알맞게 표제를 포함한 문안을 작성하고, 사용할 도안을 선정한 다음 어떻게 배열할 것인가를 결정하면 된다.

· 주장 또는 설명, 전달하고자 하는 내용 등 쓰고자 하는 바를 구체적으로 결정하고 그것을 어떤 순서로 얼마만큼 쓸 것인지를 정하기 위해 개요를 작성한다.

· 홍보대상에게 설명하거나 말해주려고 하지 말고 스스로 느끼거나 알 수 있도록 작성한다.

· 문장의 멋이나 품위보다 표현의 정확성에 유의해야 한다.
· 추상적 표현을 피하고 구체적으로 표현한다.
· 완곡한 표현은 읽기에는 부드러울지는 모르지만 전달하고자 하는 의미가 정확하게 전달되지 않는 수가 있으므로 완곡한 표현을 피한다.
· 중복을 피하기 위해 동의어를 선택할 때는 의미의 정확성에 유의해야 한다.
· 의미의 정확성이 중요하므로 적합한 동의어가 없으면 같은 단어가 지루하더라도 반복해서 사용한다.
· 홍보대상이 홍보문안을 읽었을 때 그 뜻이 분명하게 파악되도록 어법에 맞고 문맥이 정확하게 작성한다.
· 한 문장에 하나의 사실 또는 아이디어만을 표현하고 불필요한 단어를 사용하지 말고, 문장의 길이를 짧게 하여 이해가 쉽도록 작성한다.
· 홍보대상이 홍보문안을 읽었을 때 자연스럽게 내용을 받아들일 수 있도록 문장이나 문단이 자연스럽게 연결되어야 한다.
· 가급적 전문용어의 사용을 자제하여야 한다.
· 형용사나 부사 등을 사용하면 문장은 화려한 느낌을 줄지 모르지만 의미가 정확하게 전달되기 어려우므로 가급적 사용을 피한다.

(2) 보도자료 작성

· 보도자료는 뉴스가치와 홍보가치가 있는 것만을 정하여 그대로 매체에 게재될 수 있도록 작성해야한다. 즉, 편집자나 취재기자가 읽는 것이지만 독자를 대상으로 작성해야 하며, 신문이나 잡지 등 해당매체에서 필요로 할 경우 그대로 사용할 수 있도록 각 언론사의 기사 작성방법을 따라야 한다.
· 관련정보를 육하원칙에 따라 수집하여 정리한다.
· 정확하고 엄격한 사실만을 제시하고 특정 대목에 밑줄을 긋거나 강조하지 않는다.
· 전문은 기사내용 전체를 압축해서 기사의 뉴스가치가 드러나게 육하원칙 중 가장 핵심적인 사항을 골라 1~2개의 문장으로 작성한다.
· 본문은 전문에 게재된 내용을 구체화하여 중요도 순으로 배열하여 작성하고, 문장은 하나의 사실만을 포함하도록 하며, 문단 연결이 자연스럽게 되도록 한다. 또한 약자를 사용할 때는 반드시 원어를 밝혀주어야 하며, 객관적인 사실만 기술하고, 직접 인용할 때는 상대가 한 말 그대로를 사용한다.

· 사람이름이나 단체명 다음에는 반드시 그 단체나 사람에 대한 필요한 사항을 알려
  준다.
· 보도자료를 제공하는 기관 및 부서, 담당자를 기사문 상단에 명시하고 연락처와 제
  공일자, 보도일자(Embargo가 걸린 경우) 등을 명시한다.
· 페이지 끝에 계속 또는 끝이라고 표시한다.
· 충분한 여백을 두어 취재기자나 편집자가 수정이 쉽게 해야한다.
· 기사문은 페이지의 중간부분에서 본문이 시작되도록 하여 기사제목 등을 작성할
  때 사용하도록 비워두는 것이 좋으며 단락구분은 명확히 한다.

(3) 기획기사 작성

· 기획기사는 단순발생기사보다 상세하게 설명할 수 있으므로 홍보가치가 크다.
· 자유로운 형식으로 작성한다.
· 주제는 국제회의 전반 또는 주제에 관한 사항, 관련산업의 미래 예측 등이 될 수 있다.

(4) 국제회의 홍보물 제작

종합적인 예산을 고려하여 선정해야 하며 주로 제작하는 홍보물은 다음과 같다.

· 포스터
· 회의를 상징하는 로고
· Emblem 또는 Badge
· 보도자료 및 보도용 사진
· Newsletter
· 국제회의 안내책자 (기후, 화폐, 출입국절차, 교통, 쇼핑, 회의장 주변 관광지 등 포함)
· 개최국 및 개최도시 홍보책자(문화, 예술, 민속, 관광자원, 관광지 등): 한국관광공
  사 협조
· Brochure(회의장소 및 시설, 위치, 전시장 시설 등)
· Announcement(관계자에게 개최사실을 알리는 알림장: 개최지, 개최장소, 회의명 등)
· Circular(회의참가 가능성이 있는 사람에게 회의에 관한 정보를 알리고 참가를 권
  유하는 팜플릿)
· 홍보 CD 및 Video Tape

· 기념우표 및 기념담배, 기념 승차권 등
· 환영탑, 환영현판, 현수막 및 배너 등
· 각종 스티커 및 기념품 등

※ 모든 홍보물은 외형상 흥미와 관심을 끌 수 있어야 하며 공식 로고가 포함되어야
한다.

4) 홍보방법

국제회의를 유치하고 개최하는 데 필요한 홍보방법은 예산이나 주변환경 등 처한 상
황에 따라 다양하게 전개할 수 있지만 가장 성공적인 홍보는 가장 저렴한 비용으로 어
디의(Where), 누구에게(To Whom), 언제(When), 어떤 방법으로(How), 어떤 홍보간행
물(What kind of Releases) 또는 메시지(Message)를 전달하여 홍보효과를 극대화하고
원하는 목표를 달성할 수 있는 방법을 찾아내는 것이다. 국제회의 홍보에 필요한 주요
홍보 방법을 살펴보면 다음과 같다.

· 국제회의 개최가 확정된 초기단계에 DM을 통하여 관계자에게 개최사실을 알리는
  Announcement*를 보내고 선정된 홍보대상에게 국제회의조직위원장 명의로 참가
  권유 팜플릿(Circular)*을 2~3회 보내야 하며, 필요시에는 초청서한을 발송하고 홍
  보물 및 안내책자를 보내어 지속적인 관심을 표명하여 회의 참가를 유도한다.

*Announcement: 개최지 및 개최기일 등이 결정되는 초기 단계에 관계자에게
개최사실을 알리기 위한 알림장으로써 개략적인 개최일시, 개최장소, 회의명
등의 정보가 수록된다. 동봉되는 반신용지에는 성명, 직업, 연락처와 참가 의
향, 금후 자료송부의 필요 유무, 논문제출 예정 등을 묻는 항목을 만들어 개최
규모(참가인원)의 결정을 위한 자료로 활용된다.

*Circular: 회의 참가 가능성이 있는 사람에게 회의에 관한 정보를 알리고 참가
를 권유하는 팜플릿이다.

- First Circular: 보통 개최 1년반 내지 1년 전에 발송하는 것으로 참가 권유뿐만

아니라 학술회의의 경우는 Call for Paper(논문 모집)를 동시에 행하게 되며,
주로 회의명, 주최기관명(국제기구 등의 본부 및 사무국), 개최지, 개최경
위, 주요의제, 사용언어, 참가자격, 등록비, 논문제출 방법, 참가 등록 신청
서 등을 수록한다.
- Second Circular: 참가가 내정된 사람에게 보내는 것으로 회의명칭, 개최년
월일, 조직위원장의 환영사, 본부 주요인사의 성명, 사무국 연락처, 프로그
램의 전반적인 내용, 사용언어, 등록에 관한 제반사항, 숙박관련사항, 교통
및 관광정보, 각종 신청용지 등을 수록한다.
- Final Circular: 최종결정사항을 통보하는 것으로 주로 소책자로 만드는 경우가 많다.

· 국제회의 유치가 결정된 후에 개최되는 총회 및 지역총회 등에 참가하여 차기에 개
최될 총회에 대한 비디오 상영이나 혹은 공연 등 전야제 행사를 개최하고 준비한
홍보물을 참가자에게 배포하여 차기총회의 참가를 유도한다.
· 홈페이지를 제작하여 운영한다.
· 대사관이나 영사관 등 해외공관을 이용한다.
· 국제회의 유치가 결정된 후에 국제기구나 협회 등에서 발간하는 각종 발간물이나
잡지 등에 광고를 게재한다.
· 국제기구나 협회 등에서 운영하는 홈페이지에 배너광고 등을 게재한다.
· 국제기구 및 협회 등의 본부 및 각 지역본부 등의 인사와 협조를 통해 회의 참가를
유도한다.
· 국외 언론기관에 무료항공 또는 숙박제공 등의 편의를 제공하고 회의기간 중에는
국내외 언론기관을 위한 Press Center 또는 Press Room을 설치·운영하여야 하며
무료 등록, 취재차량 지원 등 최대한 각종 편의를 제공해야한다. 언론은 그 영향력
이 매우 강하므로 긴밀한 관계를 유지하여 방송이나 기사화가 될 수 있도록 해야
하며, 언론인을 위한 별도의 행사를 마련하여 해당 국제회의가 널리 홍보되도록 노
력해야 한다.
· 스폰서를 적극 유치하여 방송이나 신문 등을 이용한 각종 광고를 하고 특히 항공사
나 여행사 등을 지정하여 스폰서로 유치함으로써 참가자에 대한 인센티브를 제공
하여 회의 참가를 유도한다.

전야제 행사 실제 사례

· 행사명 : 제29차 ICAA(현 ACI) 세계총회(서울) 전야제 "Seoul Night"

· 행사시기 : 제28차 ICAA 세계총회(포르투갈 리스본)시

· 한국 측 회의 참가 및 준비자 : 10명

· 현지지원 : 주 포르투갈 한국대사관 직원, 교민 등

· 행사내용

- 한국 소개 멀티비전 상영 : 한국관광공사 지원

- 칵테일 파티(한국 포도주, 위스키, 주스, 스낵 등)

- 만찬(한국 측 대표 만찬사, 주 포르투갈 한국대사 환영사, ICAA회장 답사 등)

- 사물놀이 공연(경상가락, 설장고, 호남우도굿 및 웃도리 짝쇄 등)

- 제29차 총회 안내책자 및 기념품(가방, 은도금 수저, 태극선, 한국가곡 카세트 테이프, 전통매듭) 배포

· 기념우표 및 기념담배 등의 제작에 필요한 기간을 확인하여 기념우표 및 기념담배 발행에 지장이 없도록 한다.

· 환영탑과 환영현판, 현수막 등 관련부처에 확인하여 홍보활동에 지장 없도록 사전 준비한다.

3. 국제회의 개최기간 중

1) Press Center 또는 Press Room 설치 운영

국제회의에 대한 홍보를 보다 효율적으로 하기 위해 국내외 언론인의 취재자료 정리 및 대회연락 등 편의를 도모하기 위한 Press Center 또는 Press Room을 설치 운영하여

야 하며 취재활동을 도와줄 담당직원을 배치하여야 한다.

(1) 필요 비품 및 집기
  · 책상 및 의자, 냉장고, 작업대, 게시판
  · 일반전화, 구내전화, 모사전송기
  · 복사기, 타자기(리본, 교정용테이프 포함)
  · 컴퓨터(전용회선 설치), 스캐너, 프린터
  · 필기도구, Staplers, 봉투
  · 음료수대, 옷걸이, 쓰레기통, 재떨이 등

  ※ 기자회견실로 사용할 경우 추가할 비품
  · 인터뷰용 소파, 탁자
  · TV나 사진촬영을 위한 병풍 또는 배경(Backdrop)
  · 방송용 콘센트 및 Adapter
  · 꽃수반 등

(2) Press Kit 제공
  Press Center 또는 Press Room에 제공할 Press Kit는 국제회의의 공식언어로 제작해야 하며, Press Kit은 다음 순서로 묶어주면 된다.

  · 보도 협조 요청 공문
  · 표지
  · 제공기사문
  · 배경 및 Facts sheet
  · 기타정보
  · Brochure
  · 잡지, News Release
  · 연차보고서
  · 기획기사 및 기타 관련 기사문
  · 참가 VIP와 주요 연사의 약력 및 사진(인쇄가 잘될 수 있는 것)

· 각종 행사 초대장 등

2) 인터넷을 이용한 홍보

· 국제회의 공식 인터넷 홈페이지를 통해 매일 매일의 회의 진행사항 및 참가자 현황
  등을 전세계에 홍보한다.
· 국제기구 및 협회 등의 본부에서 운영하는 인터넷 홈페이지에 기사를 발송하여 게
  재 요청한다.

3) 언론매체를 이용한 홍보

· 언론인들에게 사전에 무료 등록은 물론 Press Kit나 참가자에게 제공하는 모든 자
  료를 제공해주고, 취재기자임을 표시하는 완장 또는 비표 등을 제공하여 취재에 불
  편함이 없도록 해야 하며, 그들만을 위한 특별행사를 마련하여 제공하여야 한다.
· News Release를 발행하여 참가자에게 배포하고, 보도자료를 작성하여 언론사에
  배포하여 기사화되도록 해야 하며, 특집기사나 기획기사 등이 게재될 수 있도록 해
  야 한다.
· 방송사를 섭외하여 개막식이나 회의 진행사항, 참가자 동향 등이 뉴스나 각종프로
  그램에 방영되도록 해야 한다.
· 국내외 VIP 등을 대상으로 한 기자회견이나 인터뷰를 개최하되 반드시 동시 통역
  사를 배치해야 한다.
· 국내외 언론인에게 행사의 규모와 참가자 성격, 주요행사, 조직위원회가 마련한 미
  디어를 위한 프로그램, 취재 편의 이용방법 등의 내용으로 하는 미디어 브리핑을
  실시한다.

4) 기타

· 공식행사 사진을 촬영하여 참가자들에게 유료 또는 무료로 제공하기 위한 공식사
  진업체를 선정하고 이에 필요한 데스크를 지정·운영한다.
· 회의 전 과정을 기록하고 보존하기 위한 사진 및 비디오 촬영을 해야 한다.

4. 국제회의 종료 후

1) 감사서신 발송

· 국제회의에 참가한 언론인과 그 들이 속한 언론사에 국제회의 조직위원장 명의로
  감사서신 및 국제회의에 대한 비디오테이프 등을 보낸다.
· 국제회의 참가자 및 스폰서 등 국제회의를 지원해주거나 성원해준 모든 개인, 단
  체, 업체, 기관 등에 감사서신을 보낸다.

2) 결과보고서 작성 및 배포

· 국제회의 전반에 걸쳐 이루어진 홍보활동 전반에 대한 성과 분석을 실시하여 데이
  터화해야 하며 그 분석내용에는 비용, 접촉한 대상의 리스트, 관련기사 및 방송 내
  용, 참가자 명단, 회의관련 자료 및 발간물, 차기 국제회의 시 홍보효과를 높일 수
  있는 각종 제안 등을 포함해야 한다.
· 국제회의 결과보고서를 작성하여 관련기관 및 단체에 배포한다.

제4장 의전분야

의전분야는 국제회의를 개최함에 있어 그 어느 것보다 중요하지만 의전 자체가 독립적으로 구분되는 것은 아니며, 국제회의에 참가하기 위해 공항에 도착할 때부터 모든 일정을 마치고 자기나라로 돌아갈 때까지의 전 과정에서 나타나는 것이므로 국제회의를 준비하는 입장에서는 가장 어려움이 많은 분야이다.

그러나 의전분야는 정부의 해당분야에 종사하는 사람들 외에는 전문가가 없는 실정이며, 또한 그와 관련된 책도 없어 국제회의를 준비할 때 난관에 봉착하는 경우가 비일비재하다. 속된 말로 의전은 잘해야 본전이며 잘못되면 치명적인 것이 의전이다. 따라서 이 책에서는 의전분야를 별도로 구분하여 외교통상부의 의전실무편람을 토대로 국제회의에 필요한 부분만을 발췌하여 설명하고자 한다.

1. 의전의 정의

의전은 좁은 의미에서는 국가행사, 외교행사, 국가원수 및 고위급 인사의 방문과 영접에서 행해지는 국제적 예의를 의미하지만 넓게는 사회구성원으로서 개개인이 지켜야 할 건전한 상식에 입각한 예의범절을 포함한다.

1) 국가 의전

국가행사시 의전과 주권국가간 외교행사에 있어 행해지는 의전, 외교사절의 파견과 접수, 국가원수 및 고위급 인사의 방문과 영접에 따른 의전을 말한다.

2) 사교 의례

외교행사 및 외교관간 행해지는 의전에서부터 일상생활에서의 예의까지 사회구성원으로서 개개인이 상호간 지켜야 할 예의범절과 건전한 상식에 기초한 사회구성원이 지켜야 할 최소한의 예의범절을 말한다.

2. 국제회의와 관련된 분야별 의전

국제회의에 참가하는 참가자들은 회의성격에 따라 국가원수부터 일반인까지 신분이 각양각색이나 대부분의 참가자들은 그 나라에서는 정부 또는 각분야에 영향력이 있는 지도급 인사들이므로 참가자에 따라 의전방법 및 내용을 달리해야 하는 경우가 발생한다. 국제회의를 준비하는 개최국은 회의 참가자가 공항에 도착할 때부터 회의를 끝내고 자기나라로 돌아갈 때까지 의전에 한치의 소홀함이 없도록 준비하여 참가자들에게 좋은 인상을 심어줌으로써 국가 이미지 제고는 물론 국제회의를 다시 유치할 수 있는 기반을 조성해야 한다. 이러한 중요성을 감안하여 의전에 대하여 각 분야별로 다시 언급되는 부분도 있겠지만 여기서는 국제회의에 꼭 필요한 의전에 대하여 종합적으로 정리하여 설명하고자 한다.

1) 공항

국제회의 참가자를 위해서 조직위원회는 공항 내 환영 및 환송 데스크를 설치, 운영하여야 하며, 참가자들의 입·출국 편의를 제공하기 위한 전용심사대등을 설치하여야

한다. 이를 위해서는 인천국제공항을 이용하는 경우는 인천국제공항공사 및 법무부출
입국관리소, 인천세관 등의 인천국제공항 상주기관과 협의하여 추진해야 한다. 그 외에
부산국제공항 및 제주국제공항 등 타 국제공항을 이용할 경우는 한국공항공사와 각 공
항내의 상주기관의 협조를 구해야 한다. 그리고 국제회의 참가자중 외교상 공항에 있는
귀빈 예우를 해야 할 필요가 있는 참가자들을 우선 선정하여 관계부처와 협의한 후 해
당자에 대해서는 다음과 같은 귀빈실 사용요령에 따라 귀빈 예우를 해 주어야 한다.

(1) 귀빈실 사용요령

참가자 중 신분이나 격이 1983년 6월 4일에 재무부령 제1573호 및 교통부령 제764호
로 제정된 「국제공항에서의 귀빈예우에 관한 규칙」에 해당되어 귀빈실을 사용하거나
귀빈실에서 기자회견을 할 필요가 있는 경우에는 사전에 외교통상부는 물론 인천국제
공항공사 또는 한국공항공사에 협조를 구해야 한다.

(2) 귀빈실 사용대상

외교상 특히 귀빈실 사용이 필요하다고 인정하여 외교통상부장관이 추천하는 외국
귀빈

(3) 귀빈실 사용절차

귀빈실을 사용하기 위해서는 초청자 또는 출입국절차 대행자, 즉 국제회의 조직위원
회의 담당자는 귀빈실사용예정 24시간전에 인천국제공항공사 사장 또는 한국공항공사
사장에게 사용신청

(4) 공항 내 협의기관 및 협의내용

· 인천국제공항공사 및 한국공항공사: 귀빈실 이용협조 및 안내데스크 설치 · 운영,
  환영 현수막 및 포스터 부착, 주차장 확보, CIQ임시출입증 발급 등
· 국가정보원: 국가 안보 및 보안에 관한 사항
· 법무부 출입국관리국: 미수교국을 포함한 입국사증 발급, 출입국 심사편의 제공,
  전용 법무심사대 설치
· 관세청 인천세관: 통관절차 간소화 및 전용심사대 설치
· 경찰청: 미수교국 인사에 대한 경호 및 경비 지원

2) 회의장

(1) 국기

개회식이나 폐회식의 경우에 태극기 또는 각 국의 국기를 게양하는 경우가 많이 발생한다.

① 하나의 태극기만을 게양하는 경우

건물의 옥상에는 중앙에 세우고 회의장이나 식장 등에는 앞에서 보아 왼편(문안에서 보아 오른편) 또는 중앙에 게양한다. 그러나 이미 고정적으로 게양대가 있을 경우에는 그 고정된 위치에 게양할 수 있다.

② 태극기와 외국 기를 같이 게양하는 경우

태극기와 외국 기를 하나씩 같이 게양할 때에는 좌우에 따로 떼어서 병립시키거나 교차시킨다. 병립시킬 때에는 태극기는 단상을 향하여 왼편에 세우고 외국 기는 오른편에 각각 세운다. 교차시킬 때에는 태극기의 기폭은 단상을 향하여 왼편(문안에서 보아 오른편)에 오도록 하고 태극기의 깃대는 밖으로 한다. 국기만을 벽에 붙일 때에도 태극기를 왼쪽에 붙이고 외국 기를 오른쪽(벽을 향하여) 붙인다.

③ 태극기와 2개국 이상의 외국기를 게양하는 경우

· 국기의 수가 기수(홀수)일 경우에는 태극기를 중앙으로 하는 것이 보통이며, 외국기는 단상을 향하여 국명의 알파벳순으로 하되 왼편에 둘째, 오른편에 셋째, 이하 왼편 및 오른편에 교호적으로 배열하여 게양한다. 그러나 외국기의 수가 많을 경우에는 개수일 경우에도 태극기를 포함한 모든 국기를 국명의 알파벳 순위에 따라 게양할 수도 있으며 특히 국제회의의 경우에 그러하다.

· 국기의 수가 우수(짝수)일 경우는 태극기를 단상을 향하여 왼편 첫째로 하고 외국기는 국명의 알파벳순으로 둘째에서부터 배열한다. 그러나 경우에 따라서는 태극기를 포함한 모든 국기를 국명의 알파벳 순위로 배열하여도 무방하다.

예시)

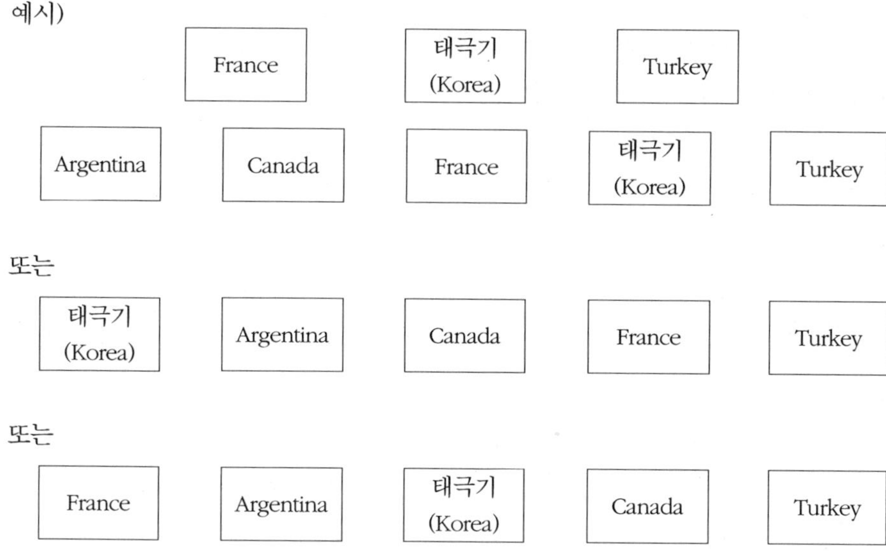

④ 국제연합기 등 국제기구의 기와 함께 게양할 때

위와 같은 방법으로 게양하되 국제기구기를 최우선의 위치로 하고 태극기를 차우선의 위치에 게양한다.

(2) 서열

서열은 의전에서 가장 중요한 원칙이며, 우리나라처럼 관료중심이 되어있는 국가의 경우는 더욱 더 중요하다. 서열은 공식적인 서열과 관례상의 서열로 크게 나눌 수 있다. 공식적인 서열은 귀족이나 공무원 등의 신분별 지위에 따라 공식적으로 인정되어 있는 서열이며, 관례상의 서열이라 함은 일반 사회생활에서 의례상으로 정하여지는 서열을 말한다.

공식적인 서열은 공직자에 대하여 그의 권리로서 주어지는 서열이며, 나라에 따라서는 이를 성문으로 규정하고 있어 이의 실제적인 적용에 있어서 별 문제가 없으나 관례상의 서열은 일정한 기준을 정하기가 힘들고 또한 어떤 기준이 있다 하더라도 그 기준 상호간의 관계가 복잡하고 애매하여 구체적으로 이를 적용하는 데 있어서 여러 가지 어려운 점을 제기하는 경우가 많다. 더구나 공식적인 서열과 관례상의 서열이 복합되어 있을 때에는 실제적인 서열 결정에 다각적이고 세심한 주의를 기울여야 한다.

① 공식서열

외교관에 대한 서열은 국제법상으로 확립되어 있다. 외교사절의 서열은 사절의 계급 여하에 따르며, 같은 계급 안에서는 착임순위로 한다.

우리나라에는 공직자에 대한 공식서열이 제정된 바 없으며, 국가에 따라 각기 상이한 제도를 가지고 있으므로 뭐라고 단정 지을 수 없고, 주요국가의 서열 관행을 살펴보면 다음과 같다.

- 일본: 황족, 주일외국특명전권대사, 내각총리대신, 중의원의장, 참의원의장, 최고재판소 장관, 외무대신 순
- 호주: 총독, 각주총독, 수상, 상원의장 및 하원의장(임명일순), Chief Justice of High Court, 연방야당지도자, 전총독 및 전수상, 전대법원장, 주수상, 시장 순
- 캐나다: 총독(전임총독은 퇴직순위에 따라 대법원장의 차위), 연방수상(전임수상은 취임일자 순위에 따라 전임총독의 차위), 대법원장, 상원의장, 하원의장, 외교사절, 연방정부각료, 야당당수, 각주정부총독, 추밀원의원, 캐나다 앙그리칸교회(로마카톨릭교회, 캐나다신교연합교회, 캐나다감리교회, 캐나다침례교회, 캐나다유태교회 포함)의 각대표자, 각주 수상, 연방최고법원 판사, 연방행정법원 원장, 지방최고법원원장, 연방행정법원 및 지방최고법원 판사, 상원의원, 하원의원 순
- 미국: 대통령, 부통령, 하원의장, 대법원장, 전대통령, 국무장관, 유엔사무총장, 외국대사, 전대통령미망인, 공사급외국공관장, 대법관, 각료, 연방예산국장, 주유엔미국대표 상원의원 주지사, 전부통령, 하원의원, 외국대리대사, 행정각부차관 및 차관보 순
- 프랑스: 외교단장, 대사, 상원의장, 하원의장, 각료 순(수상이 Host하는 경우), 총리, 상원의장, 하원의장, 외무장관, 외교사절 순(외국대사가 Host하는 경우)
- 영국: 여왕, Noble Famillies, Archbishop of Canterbury, Lord High Chancellor, Archbishop of york, 수상, 하원의장, Lord Privy Seal, 각국대사, Lord Great Chamberlain 순

② 관례상의 서열

공식적인 서열은 미리 정하여져 있는 것이므로 이를 그대로 적용하면 무난한 경우가 보통이나 관계자의 상호관계가 공식화되어 있지 않은 경우에는 원만한 서열기준을 마

련한다는 것은 용이한 일이 아니다. 물론 구체적인 서열은 그때그때 사정에 따라 달라질 것이나 어느 경우에나 다음과 같은 일반 원칙은 존중되어야 한다.

· 지위가 비슷한 경우에는 여자는 남자보다, 연장자는 연소자보다, 외국인은 내국인보다 상위에 세운다.
· 여자들 간의 서열은 기혼부인, 미망인, 이혼부인 및 미혼자 순위로 한다.
· 남편이 국가의 대표로서의 자격을 가지고 있는 경우 등에는 Lady First의 원칙은 적용되지 않아도 좋다.
· 원만하고 조화된 좌석배치를 위해서는 서열 결정사의 원칙을 다소 조정할 수 있다.

③ 서열의 실제
· 보행시: 2인 이상이 보행할 때 또는 방에 들어갈 때의 순서는 다음과 같다.

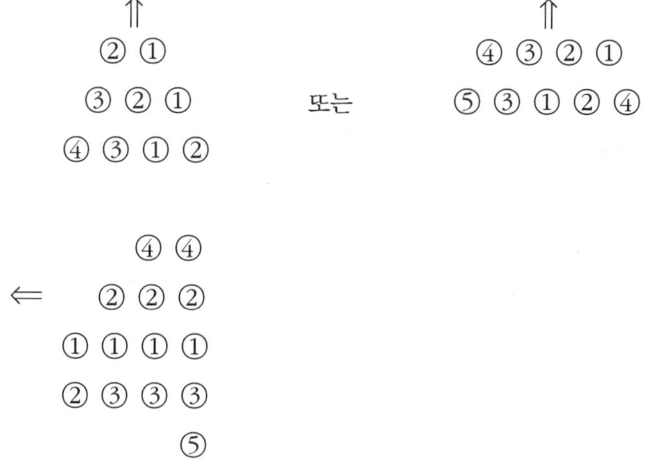

· 자동차 승차 시: 뒷자리가 3인승일 때에는 상위자의 앞자리를 비워놓는 것이 좋다. 미국에서는 우측통행에는 상위자가 마지막에 타고 먼저 내리며 좌측통행에서는 상위자가 먼저 타고 먼저 내린다. 그러나 프랑스에서는 우측통행이거나 좌측통행이거나 간에 상위자가 먼저 타고 내린다. 우측통행일 경우에는 하위자는 자동차 뒤로 돌아 반대편 문으로 탄다.

④ 우리나라의 서열관행

우리나라에는 앞에서 언급한 바와 같이 공식적인 서열은 없다. 서열을 실제적으로 결정할 때에는 그의 현직위 이외에도 전직, 연령, 특정 행사와의 관련성의 정도, 관계인사 상호간의 관계 등을 다각적으로 검토하게 되는 것이나 외교통상부를 비롯 기타 의전당국에서 실무처리상 일반적인 기준으로 삼고 있는 비공식 서열은 다음과 같다.

- 대통령
- 국회의장
- 대법원장
- 국무총리
- 국회부의장
- 감사원장
- 부총리
- 외교통상부장관
- 외국특명전권대사, 국무위원, 국회상임위원장, 대법원판사
- 3부 장관급, 국회의원, 검찰총장, 합참의장, 3군 참모총장
- 차관, 차관급

이와 같은 서열은 어디까지나 비공식적인 것이므로 이를 실제적으로 조정할 때에는 필요에 따라 적절히 조정하여야 할 경우가 많다. 그러나 서열기준을 조정할 때에도 다음과 같은 원칙을 따르는 것이 바람직하다.

- 확립된 국제관례에 따라 외국특명전권대사간 또는 특명전권공사간의 서열은 그들이 대통령에게 신임장을 제정한 일시를 기준으로 하여 정하여 대리대사간 또는 대리공사간의 서열은 그들이 외무부장관에게 임명장을 제정한 일시 순으로 하고, 대사대리간 또는 대리공사간의 서열은 그들이 외무부장관에게 임명장을 제정한 일시 순으로 하고 대사대리간 또는 공사대리간의 서열은 그가 지명된 일자를 기준으로 한다.
- 대통령을 대행해서 행사에 참석하는 정부 각료는 모든 외국대사보다 우선하는 서열을 갖는다.

· 공빈이 방한할 경우 동 공빈 소속국 주재 아국대사가 일시 귀국하였을 때에는 동 대사의 서열은 주한외국대사 다음으로 할 수 있다.

· 일국에서 우리나라에 대사관 이외에 외교 특권을 갖는 정부기관을 설치하였을 경우 동국 대사관원과 동 기관원간의 서열은 동국 국내법이 정하는 기준에 의거하여 정한다.

· 대사가 부인일 경우의 서열은 자기 바로 상위 대사 부인 다음이 되며, 그의 남편은 최하위의 공사 다음이 된다.

· 외국대사와 아국 정부각료간의 명백한 서열상의 구분을 피하기 위하여 경우에 따라서는 교호제(Alternate System)를 원용할 때가 있는 바, 이 때에는 대사, 각료, 대사, 각료의 순으로 한다.

· 외국 측이 주최하는 연회에서는 아측 빈객은 동급의 외국측 빈객보다 상위에 둔다.

· 대통령 기타 3부요인이 외국을 공식 방문할 경우, 현지 주재대사는 상기 서열표에 불구하고 그의 서열을 적절히 조정할 수 있다.

이상과 같이 국제회의의 참가자들 간의 서열을 정할 때에도 정부의 서열원칙을 참고하여 정하는 것이 바람직하다.

⑤ 국제회의의 좌석 서열

국제회의에서의 좌석은 회의규모 및 회의장소 등에 따라 결정될 문제이며 일정한 원칙이 있는 것이 아니다. 그러나 회의에 참석하는 대표간의 서열은 각 대표간에 특별히 정한 바가 없는 한 회의에서 사용되는 주 공용어 또는 영어의 알파벳순에 의한 국명의 순서에 따라 결정되고, 모든 국가에 이어 초정된 타 국제기구 대표가 앉는 것이 일반적인 관례이다.

따라서 회의장에서의 좌석배치에 있어서는 각 대표 개인의 계급은 문제가 되지 않으며, 각 국의 대표는 동등한 지위를 가지게 된다. 국제회의에서의 좌석배열방법에 따른 서열을 몇 가지 예시하면 다음과 같다.

· 2개국간 회의 시

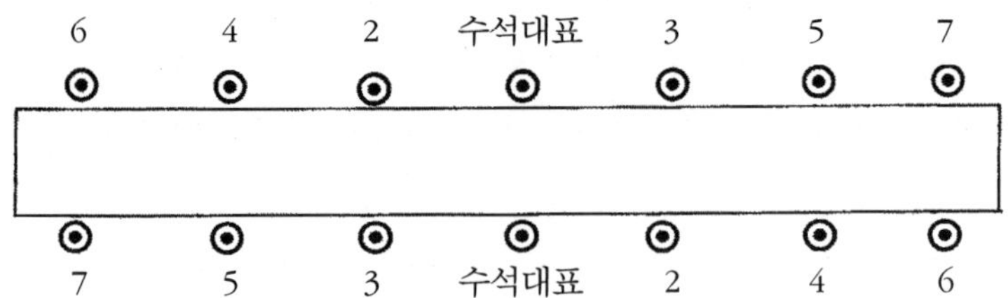

· 다수 국가간 회의 시

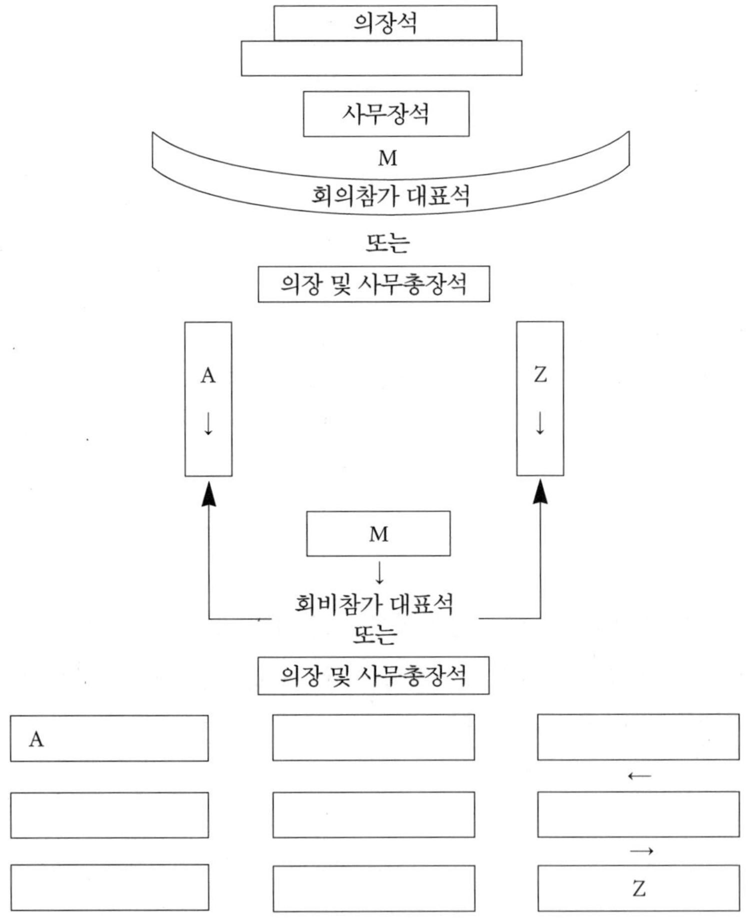

· 공동 주최 시

A	주최국 대표석	B

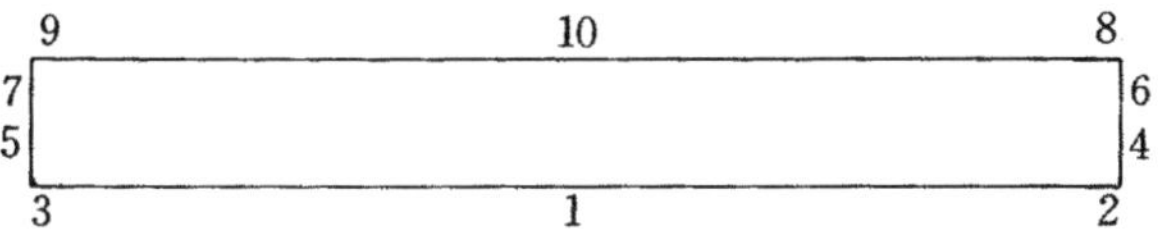

또는 의장 및 사무총장석

참 관 자 석

· 소규모 회의시

이상은 회의장 내에서의 각 국 대표의 좌석 배열 방법이다. 그리고 각 대표가 회의장 밖에서 각종 행사에 참석할 경우에는 각 대표간의 서열이 그의 계급에 따라 정부 각료, 대사, 전권공사 및 기타 대표의 순서로 되는데, 이때에 주최 측 인사도 포함될 경우에는 외국의 정부 각료, 주최국의 정부 각료, 외국의 대사, 주최국의 대사급 관리, 외국의 전권공사, 주최국의 전권공사급 관리의 순서로 된다.

3. 사교의례

1) 안내예절

국제회의 중에는 회의장간 이동 또는 회의장에서 연회장등 이동시 필요한 예절이 바로 안내예절이며, 이를 장소별로 구분하면 다음과 같다.

(1) 복도
- 귀빈의 왼쪽(오른쪽) 앞을 두 걸음쯤 앞서 걸어가면서 안내한다.
- 귀빈의 걸음 속도에 맞추어 떨어지지 않도록 걷는다.
- 통로가 꺾어진 곳이나 계단 등에서는 손을 조금 올려 방향을 가르킨다.

(2) 계단
- 계단을 오르고 내릴 때는 안내자가 먼저 간다.
- 안내자가 여성일 경우는 남자가 먼저 오르고 여성이 먼저 내려온다.
- 자동차, 기차, 버스 등을 이용할 경우에, 탈 때는 일반적으로 여성이 먼저 타고, 내릴 때는 남성이 먼저 내린다. 단, 비행기는 언제나 여성이 먼저 타고 먼저 내린다.

(3) 엘리베이터
- 안내원이 있을 때는 귀빈이나 윗사람이 먼저 타고 내려야 한다.
- 안내원이 없을 때는 귀빈이 먼저 타고 내린다.
- 귀빈이 다수일 경우는 안내자가 먼저 타서 버튼을 조작하고, 내릴 때는 귀빈이 먼저 내린다.

(4) 문
- 당겨서 여는 문은 귀빈을 들어가게 한 후 손님을 안내한다.
- 밀어서 여는 문은 안내자가 문을 밀고 들어간 후 귀빈을 안내한다.
- 회전문일 경우는 귀빈이나 여성이 먼저 들어가게 한 후 문을 밀어준다.

2) 인사 및 소개 등

(1) 인사
인사는 중요하고 국가마다 그 방식이 달라 어려움이 많다. 그러므로 모든 국가의 모든 방식을 알 필요는 없으며, 통상적으로 사용하는 방식만을 알면 될 것이다. 우리나라의 기본적인 인사방법은 다음과 같다. 이러한 인사도 때와 장소를 가려서 해야 하며, 상대방에 따라서 또는 자신의 입장에 따라서 달리해야 한다.

- 바른 자세로 상대를 향해 선다.
- 상대방의 눈을 보며 상냥하게 인사말을 건넨다.
- 상체를 정중하게 굽히고 잠시 멈춘 다음 천천히 든다.
- 바로서서 다시 상대방을 본다.

(2) 소개
- 상급자와 하급자가 있을 때 하급자를 상급자에게 먼저 소개한다.
- 연장자와 연소자가 있을 때 연소자를 연장자에게 먼저 소개한다.
- 남자와 여자가 있을 때 남자를 여자에게 먼저 소개한다.
- 우리 회사 사람을 다른 회사 사람 등에게 먼저 소개한다.
- 사적인 사람을 공적인 사람에게 먼저 소개한다.
- 1인을 전원에게 소개한다.

(3) 악수
- 아랫사람이 먼저 악수를 청해서는 안 되며, 윗사람이 먼저 손을 내밀었을 때만 악수를 한다.
- 남자가 여자에게 소개되었을 때는 여자가 먼저 악수를 청하지 않는 한 악수를 하지 않는 것이 일반적이다.
- 악수는 바로 서양식 인사이므로 악수를 하면서 우리식으로 절까지 할 필요는 없다(두 손으로 하는 것도 아름답지 못함).

(4) 손에 입맞추기 및 포옹
- 신사가 숙녀의 손에 입술을 가볍게 대는 것을 Kissing hand라 하며, 이 경우 여자는 손가락을 밑으로 향하도록 손을 내민다.
- 유럽의 프랑스, 이태리 등 라틴계나 중동아지역 사람들의 친밀한 인사표시로 포옹을 하는 경우가 있는 바, 이 경우는 자연스럽게 응해줘도 무방하다.

3) 명함

(1) 체재 및 규격

· 용지는 순백색으로 하는 것이 원칙이다.
· 용지 두께는 너무 얇거나 두꺼운 것은 피하는 것이 좋다.
· 인쇄방법은 부각(Engrave)이 원칙이다.
· 잉크는 반드시 흑색을 사용하여야 한다.
· 서체는 나라에 따라서는 인쇄체(Blocking lettering)을 사용하기도 하나, 필기체
  (Script lettering)를 사용하는 것이 일반적이다.
· 규격은 나라 또는 각자의 취미, 이름의 길이 등에 따라 일정하지 않으나 표준적인
  규격은 다음과 같다.
  - 남자용(미국형) 2×3과 1/2인치
         (대륙형) 2와 1/4×3과 5/8인치
  - 부인용(미국형) 2와 1/4×3과 1/4인치
         (대륙형) 1과 6/8×3과 1/8인치
  - 미혼여자용 2와 1/4×2와 1/2인치
  - 부부연명명함(Double card) 2와 1/3×1/2인치
  - 폴드오버명함(Fold-over card) 3×3과 3/4인치

(2) 사용법

외국에서는 명함 사용 시 여러 가지 복잡한 예의를 지키고 있으며, 우리나라의 일반
명함사용법은 이와 같은 국제관행과는 다른 점이 많으므로 서구식 관행을 충분히 익혀
둘 필요가 있다. 명함 사용상의 적절한 예의를 지키는가의 여부는 바로 자신의 예의 정
도를 나타낸다는 점을 명심해야 한다. 명함사용법은 다음과 같다.

· 타인을 직접 방문하였을 경우: 우리나라처럼 상대방과 인사하면서 직접 명함을 내
  미는 관습은 서양에는 없으나 명함을 내밀 때는 같이 교환하는 것이 예의이며, 방
  문하였으나 만나지 못한 경우는 명함에 p.p.를 기입하여 남겨둔다.
· 직접 방문하는 대신 명함을 보내는 경우: 국경일 같은 경축일에는 p.f.를 기입한 명
  함을 보내고, 이에 대한 답례 시에는 p.r.을 기입한 명함을 보낸다.

· 명함에 의하여 각종 답례를 하는 경우: 공식연회에 초대되었을 경우 1주일 이내에 답례를 하고, 타인의 방문이나 초청자의 딸이 여주인 역할을 한 경우 그 딸에게 명함을 보낸다.
· 크리스마스, 생일 및 결혼 축하 등을 위하여 선물을 보내는 경우: 명함에 각기 적절한 어구를 기입하여 보낸다.
· 병문안, 연회초청에 대한 사례로 화환을 보내는 경우: 명함에 각기 적절한 어구를 몇 마디 기입하여 선물과 같이 보낸다.
· 소개장을 보내는 경우
· 약식 초대의 경우
· 티 파티나 만찬 등에 초대를 reminder로서 확인하는 경우

(3) 명함에 기입하는 약자

명함 좌측 하단에 다음과 같은 약자를 연필로 기입하여 봉투에 넣어 보냄으로써 인사에 대신한다.

· p.r.: Pour remercier (감사)
· p.f.: Pour feliciter (축하)
· p.c.: Pour consoler (조의)
· p.p.: Pour presenter (소개)
· p.p.c: Pour prendre conge (작별)
· p.f.n.a.: pour feliciter nouvel an (신년축하)
· p.p.n.: pour prendre nouvelle (문병)
· Wishing you many happy returns of the day (축 탄신)
· A merry Christmas (축 성탄)
· With all my best wishes (축 결혼)

이와 같은 명함을 받았을 경우는 p.p.c. 명함을 제외하고는 p.r. 명함을 보내야 한다.

4) 연회와 식탁 예절

(1) 연회

연회의 종류는 연회의 목적, 주빈의 지위, 기호, 초청객의 범위, 예산사정, 장소 및 시간 등을 고려하여 결정된다. 연회를 준비함에 있어 중요한 예절이 되는 초청 문제와 식탁에서의 예절, 복장 등에 대하여 설명하면 다음과 같다.

① 초청객 선정

주빈(Guest of Honor) 보다 직위가 높거나, 너무 낮은 인사는 피하되 좌석 배치의 편의상 상하계급을 적절히 배합할 수 있도록 초청객을 선정한다.

② 초청장

- 정식 초청장에는 성명은 3인칭으로 쓰고 요일, 일시, 장소, 복장 및 참석여부연락처를 기입한다.
- 초청장은 연회의 종류, 규모 기타 사정에 따라 다르지만 10~20일 전에 발송하는 것이 예의이며, 늦어도 1주일의 여유는 있어야 하는 것이 원칙이다.
- 구두 또는 전화로만 초청한 경우에는 추후 정식 초청장을 보내는 것이 원칙이나, 초청장대신 Reminder Card를 보내기도 한다.
- 시일이 촉박한 경우에는 미리 초청 전화로 초청사실을 알리고 추후 초청장을 보낼 수도 있다. 이때에 발송하는 초청장에는 R.S.V.P. (Repondez, s'il vous plait)대신 To reminder라고 쓰며, 참석자의 정확한 인원 파악이 필요치 않은 연회, 리셉션, 다과회 등의 경우에는 이 자리에 Regrets only(초청을 수락하지 못할 때에만 회답 바람)라고 쓰는 것이 관례이다.
- 참석 여부를 통지하는 R.S.V.P.는 초청장 좌측 하단에 표시하고 그 아래에 초청자의 연락처(주소 또는 전화번호)를 쓰면 된다. 그리고 참석여부 통지를 요청한 초청장을 받으면 가능한 빨리 참석 여부를 사전에 통지하여줌으로써 주최자가 연회준비에 차질 없게 하는 것이 예의이다.
- 초청장은 각료급 이상의 인사에 대해서는 직책만 표기하고, 기타 인사는 성명과 직책을 적절히 쓰되 부인 동반의 경우는 "동영부인"을 함께 표기한다. 초청장 봉투에는 성명과 직책을 모두 기입하며, 외국인사에 대해서는 적절한 호칭(The

Honorable, His Excellency 등)도 표기한다.
· 초청장 우측 하단에 Informal, Tuxedo 등 복장(dress)의 종류를 표시한다.

③ 좌석배치판

· 좌석배치를 하여야 할 연회의 경우에는 좌석순위에 따라 좌석배치판(Seating Chart)을 만들고, 좌석명패(Place Card)를 각자의 식탁 위에 놓는다.
· 좌석배치판은 내빈이 식탁에 앉기 전에 자기좌석을 알 수 있도록 식당입구 적당한 곳에 놓아둔다.

④ 좌석배열(Seating Arrangement)

좌석배열은 연회 준비사항 중 가장 세심한 주의를 기울여야하는 문제로서 참석자의 인원, 부부동반 여부, 주빈 유무, 장소의 규모 등 여러 가지 요소를 고려하여 결정한다. 필요한 경우는 Head Table을 지정하여 운영해도 되며, 통상 주빈(Guest of Honor)이 입구에서 먼 쪽에 앉도록 하고, 연회장에 좋은 전망(창문)이 있을 경우에는 전망이 바로 보이는 좌석에 주빈이 앉도록 배치하되 여성이 Table 끝에 앉지 않도록 한다.(단 직책을 가지고 참석하는 여성 제외) 그리고 Host보다 상위인 경우 주빈과 주빈부인을 상석에 마주 보게 앉도록 하고 Host와 Hostess를 각각 그 옆자리에 앉힌다.

⑤ 초청객 도착

만찬이나 오찬에는 초청객이 다 올 때까지 기다리면서 그들을 주빈에게 소개하는 동안 약20~30분간 일정 장소에서 "칵테일"을 한 후 연회장으로 들어가야 하며, 좌석배열을 조정할 필요가 있으면 칵테일 하는 동안 신속히 이를 마쳐야 한다.

⑥ Receiving Line

리셉션 때에는 주최자와 주빈이 초청객을 접수하기 위하여 입구의 바로 안쪽(문밖에서 보아 왼쪽)에 서며, 리시빙 라인상의 순서는 주빈이 따로 없는 경우는 주인, 여주인 순이며, 주빈이 따로 있을 경우는 주인, 주빈, 여주인 또는 주빈의 부인 순이 된다. 대규모 공식 연회에서는 초청객이 리시빙 라인에 들어서기 전에 자기의 직책, 성명을 적은 Calling Card를 제시하도록 하며, 리시빙 라인은 15~30분간 유지하는 것이 보통이다.

(2) 식탁 예절(Table Manner)

· 남자 손님들은 자기 좌석의 의자 뒤에 서 있다가 자리 오른쪽 좌석에 부인이 앉도록 의자를 뒤로 빼내어서 도와주고, 모든 여자 손님이 다 앉은 다음에 앉는다.

· 손목을 식탁에 가볍게 놓은 것은 상관이 없으나, 팔꿈치를 식탁위에 올려놓아서는 안 된다.

· 팔짱을 끼거나 머리털을 만지는 것은 금기이며, 양다리는 되도록 붙이고 의자의 뒤로 깊숙이 앉는 것이 옳은 자세이다.

· 식탁 밑에서 다리를 앞으로 뻗거나 흔드는 것은 예의에 어긋나며, 특히 신발을 벗어 책상다리를 하고 앉는 것은 금기이다.

· 식탁에서 사람을 가리키면서 손가락질을 하거나 나이프나 포크를 들고 물건을 가리키는 것은 금물(포크나 나이프를 들고 흔들며 대화하는 것도 금물)이며, 식탁에서 지루하다고 몸을 틀거나 자주 시계를 들여다보는 것도 실례이다.

· 옆 사람과의 이야기는 자연스럽게 전개해야 하고, 옆 사람 너머로 멀리 있는 사람과 큰소리로 이야기하는 것은 금물이며, 너무 혼자서만 대화를 독점하는 것도 안 좋지만 반대로 침묵만을 지키는 것도 실례이다.

· 식사도중 손가방은 자신의 등 뒤에 놓는 것이 좋고 식탁 위에 놓지 않는다.

· 식탁에서 큰소리를 내거나 웃는 것은 금물이며, 실수해서 재채기나 하품을 했을 경우에는 옆 사람에게 "Excuse me" 하고 사과(코 풀 때에는 사과할 필요 없음)하고 식탁에서의 트림은 금기이다.

· 이쑤시개가 준비되어 있는 경우에도 식탁에 앉는 경우에도 식탁에 앉아서는 쓰지 않는 것이 예의(특히 여자)이며, 식후에 식탁에서 루즈를 고치거나 분화장하는 것은 교양이 없어 보이므로 화장실에 가서 하는 것이 좋다.

· 냅킨은 반을 접은 채로 접은 쪽이 자기 앞으로 오도록 무릎 위에 반듯이 놓아야 하며, 단추구멍이나 목에 끼는 것은 어린이 이외는 하지 않는다.

· 부득이 자리를 잠시 비워야 할 경우(식사 중 이석은 분위기를 해침)에는 냅킨은 의자 위에 놓아두어야 하며, 이를 식탁 위에 올려놓으면 식사가 끝났다는 표시가 된다.

· 냅킨은 입술을 가볍게 닦는데 쓰며 식기를 닦거나 수건처럼 땀을 닦는 것은 예의에 어긋나며, 또한 식탁에 물 같은 것을 엎질렀을 경우에는 냅킨을 쓰지 않고 Waiter를 불러 처리토록 한다.

· 준비된 포크와 나이프는 주요리 접시를 중심으로 가장 바깥쪽부터 안쪽으로 하나

씩 사용해 가는 것이 일반적이며, 가급적 포크는 언제나 왼손으로 잡는 것이 옳은 방법이나, 근래 미국에서처럼 음식을 자른 뒤 나이프는 접시 위에 놓고 왼손에 든 포크를 오른손으로 옮겨 잡고 음식을 먹을 수도 있다.

· 포크와 나이프를 접시 위에 여덟팔자(포크는 엎어놓고 나이프는 칼날이 안쪽으로)로 놓으면 식사중임을 의미하며, 둘을 가지런히 접시 위 오른쪽에 얹어 놓으면 식사가 끝났음을 의미한다.

· 빵은 나이프를 쓰지 않고 한 입에 먹을 만큼 손으로 떼어먹으며, 빵을 입으로 베어 먹어서는 안 되고, 빵은 수프가 나온 후에 먹기 시작해서 디저트가 나오기 전에 마쳐야 한다.

· 수프를 먹을 때 소리를 내는 것은 금물이며, 접시를 기울이지 않고 그대로 먹어도 되며 아무리 뜨거워도 한 스푼에 뜬 것은 단번에 들어야 한다.

· 빵 이외의 음식을 손으로 먹는 것은 절대 금물이나 과일, 새우, 게 등을 벗길 때에는 손으로 한다. 생선은 우선 나이프와 포크로 가시를 전부 골라 낸 뒤 먹고 입안에 든 가시를 빼어 놓을 때에는 먼저 이를 포크에 받아 접시 한구석에 놓는다.

· Finger Bowl을 사용할 때에는 손가락만 한 손씩 씻는다.

· 먹고 마시는 것은 절도있게 적당한 양으로 조절하는 것이 좋으며, 식사 중 속도는 좌우의 손님들과 보조를 맞추도록 한다.

· 식사 중에는, 즉 샐러드 코스가 끝날 때까지는 담배를 피우지 않는 것이 관습이다.

· 식전주(Aperitif or Cocktails)는 절대로 취할 정도로 마셔서는 안 되고, 술을 안 마신다고 해서 컵을 엎어놓는 것은 실례이며, 이때에는 손으로 컵을 가볍게 막으면서 사양의 표정을 보이는 것이 좋다.

· 포도주는 입속에 요리가 들어있을 때는 마시지 않고, 마실 때마다 마시기전 냅킨으로 입술을 가볍게 닦는 것이 예의이다.

제5장 등록분야

회의등록은 참가자들의 행사참가를 공식적으로 확인하는 절차로 회의참가자의 각종 정보를 획득하는 과정이다. 회의참가등록 시에는 입·출국정보, 숙박정보, 행사참가 예정정보 및 동반자 여부 등을 동시에 제공토록 할 수 있어 주최 측으로서는 회의의 기본계획의 수립에 가장 중요한 정보를 제공받게 된다.

일반적으로 회의 등록은 회의 개시 전에 우편이나 E-mail을 통한 사전등록(Pre-Registration)과 회의장에 도착하여 이루어지는 현장등록(On-Site Registration)으로 구분할 수 있다.

1. 등록서식의 제작 및 발송

1) 등록서식

등록서식의 작성 및 발송 등 국제회의에서 등록업무는 주최 측의 협조하에 국제기구의 본부가 직접 담당한다. 등록서식은 매 회의별로 크게 차이가 없으며, 등록비 등이 결정되면 각종 회의정보자료와 함께 통상 6개월~1년 전에 회원과 전년도 참석자, 유관기관 등 예상 참가자를 대상으로 발송되어야 한다.

2) 등록비

등록비는 회의 참가자들에게 제공되는 기본적인 자료와 각종 공식행사의 참가비를 포함되나 선택사항에 대한 비용은 일반적으로 포함하지 않는다. 국제회의의 경우 등록비 결정이나 등록기간 등 등록에 관한 업무는 주최 측과의 협의 하에 국제기구 본부에서 결정하는 경우가 대부분이다.

등록비는 참가자의 회원, 준회원, 비회원, 동반자 등 자격과 등록시기에 따라 차등을 두어 부과하는 것이 일반적인데, 등록비는 국제회의의 참가자수에 많은 영향을 미치므로 전회대비 인상폭이나 자격별 차등에 대하여는 해당 국제기구의 관례에 따르는 것이 바람직하다.

등록비에 대한 할인은 참가자들에게 조기등록을 유도함으로써 주최 측이나 국제기구 또는 협회 등의 본부 측에서 행사규모 예측이나 예산편성 등을 용이하게 할 수 있으며, 조기 등록자에 대한 할인율은 약 10~30%정도이다.

3) 등록신청서

일반적으로 등록 신청서는 회의참가자의 소속, 직위, 성명 등 인적사항과 연락처, 도착 및 출발일정, 참가희망 행사종류, 숙박정보, 등록비 납부방법 등의 정보를 기록하게 된다. 등록비를 주최 측에서 징수하는 경우에는 참가자들의 편의를 위하여 전신환 이체, 송금수표, 신용카드 등 다양한 방법으로 납부토록 하기 위한 준비를 사전에 하여야 한다. 전신환 이체를 위해서는 외화예금 계좌를 개설하여 등록신청서에 명시하고, 신용카드 수납을 위한 가맹점 가입, 송금수표를 수령하기 위한 수취인 인적사항 등을 등록신청서에 명기하여야 한다. 등록신청서는 색상으로 구분된 3장으로 제작하여 작성하여 국제기구 본부, 주최 측 사무국에 송부하고 1부는 본인이 보관하도록 한다.

과거에는 등록 신청서를 작성하여 우편이나 FAX로 발송하는 것이 일반적이었으나 최근에는 인터넷의 발달로 참가신청서를 E-Mail로 접수하고, 접수확인을 하는 방법이 보편화되고 있는 추세이다.

2. 등록 신청서 접수 및 관리

1) 등록신청서 접수

등록 신청서가 주최 측에 접수되면 등록내용에 대한 오류여부, 등록비 입금확인 등을 거쳐 사전에 결정된 업무분장에 따라 주최 측 또는 국제기구 본부에서 해당 참가신청자에게 확인서신을 발송한다. 만약 등록 신청서나 등록비 입금 등에 문제가 있을 경우에는 이를 즉시 통지하여 오류를 수정하여야 한다. 등록 확인서신은 일종의 영수증으로 현장등록시 지참토록 하는 경우에는 현장확인을 신속히 할 수 있는 이점이 있다.

2) 등록신청서 관리

등록현황의 관리를 위해서는 Database를 구축하여야 한다. Database에는 가급적 등록신청서에 기재된 모든 정보를 비축하여 두고, 용도별로 정보를 가공하여 사용하는 것이 등록자의 관리나 업무편의를 위하여 중요하다. 따라서 충분한 시간을 갖고 정보가공 및 출력형태를 다양하게 개발하여 활용토록 하는 것이 필요하다.

3. 현장등록

1) 현장등록 준비

대부분의 국제회의는 현장에서 참가등록시 회의참가에 필요한 각종 자료나 환영서신, 초청장, 명찰, 필기도구, 참가 기념품 등을 패키지로 묶어 제공한다. 그리고 회의기간 중에 배포할 자료나 개인별 연락사항은 개인별 서류배포함(Pigeon Holes)을 비치하여 놓고 수시로 자기 함을 확인토록 하면 자료배포의 효율성을 도모할 수 있다.

(1) 환영서신

환영서신은 주최 측 대표와 개최도시 시장 등 주최국가의 대표성격의 인사들이 참가자를 환영하는 내용으로 작성하는 것이 일반적이다.

(2) 초청장

초청장은 해당 국제회의 기간 중에 개최되는 연회 등 각종 사교행사에 초청하는 내용으로, 행사별로 각각 제작하여야 하며, 회의참가등록자에게는 특정인원을 대상으로 하는 행사이외에는 차별없이 전행사에 초청될 수 있도록 하여야 한다.

(3) 필기도구

필기도구는 회의참가자가 회의참석 시 메모나 기록을 할 수 있도록 제공하는 것으로 메모지는 시중에서 판매하는 것을 구매하여 제공해도 된다. 그러나 어느 정도 규모가 있는 회의라면 회의로고 등을 인쇄하여 제작하는 것도 바람직하며, 필기구는 고급제품보다는 잃어버려도 서운하지 않은 실용적인 것으로 제공하면 된다.

(4) 기념품

기념품은 그 나라나 해당회의의 특색을 나타낼 수 있는 것으로 가급적 부피가 크지 않은 것으로 준비하는 것이 좋으며, 위에서 열거한 등록물품을 패키지화하여 제공하기 간편한 가방을 제작하여 배포하는 것도 바람직하다.

(5) 등록장소

등록장소는 회의가 개최되는 호텔 등 주 회의장에서 회의장 로비 등 회의참가자들의 왕래가 가장 많은 장소에 등록데스크를 설치하는 것이 일반적이며, 참가자들의 통행을 방해하지 않고 등록장소 안쪽에는 배포물을 보관할 수 있을 정도로 충분한 공간을 확보하여야 한다.

등록장소는 참가자들의 신속한 등록과 회의개최 당일의 혼잡을 피하기 위하여 공식 회의기간 1~2일전에 오픈하여 등록을 할 수 있도록 할 수 있다. 사전에 우편이나 E-Mail로 등록한 사람과 현장에서 등록하는 사람들의 등록장소를 분리하거나, 참가자가 많은 회의는 참가국가나 참가자의 알파벳으로 구분하여 데스크를 분산하여 등록할 수 있도록 하는 방법 등을 활용할 수 있다. 이러한 방법을 활용할 경우에는 참가자들이 자신이 등록할 등록장소를 쉽게 확인할 수 있도록 사인보드를 식별이 용이한 장소에 부착하여야 한다.

(6) 등록데스크

등록데스크의 배치형태는 Linear형태와 □자 형태가 일반적이다. Linear형태는 상대적으로 규모가 작은 회의나 큰 회의일 경우에는 뒤쪽에 창고 등 각종 물품을 보관할 수 있는 공간을 확보할 수 있는 경우에 활용하는 형태이고, □자 형태는 가운데 공간을 활용하여 각종 물품을 보관할 수 있고, 특정데스크에 인원이 집중될 경우에는 다른 데스크에서 인원지원을 원활히 할 수 있는 장점이 있는 배치형태이다.

등록데스크는 오픈이후에는 공식 회의기간 종료 시까지 운영해야 하는데, 이유는 회의참가자는 사전에 배포된 프로그램에 의거, 자신의 관심이 있는 주제나 특정회의에만 참석하기 위하여 불규칙하게 입국하는 사례가 있기 때문이다. 따라서 인력배치는 등록자가 몰리는 회의개최 직전이나 개최당일에는 많은 인원을 배치하고, 예상되는 등록인원수에 따라 탄력적으로 조정하여 배치하되 공식적으로 카운터 오픈기간에는 항시 인원이 대기하여야 한다.

(7) 등록보조데스크 등

등록장소에 인접한 곳에 등록업무 이외의 업무처리를 위한 보조 카운터나 시설물들을 설치할 필요가 있다. 그리고 회의나 각종행사에 대한 전반적인 정보를 제공하기 위한 안내 카운터, 동반자관광 및 옵션관광 신청접수를 위한 관광안내 카운터, 항공권 예약확인업무 등을 위한 항공사나 여행사 데스크 및 차기 개최지 홍보 카운터, 전시회 안내 카운터 등과 더불어 참가자들에게 자료배포를 위한 서류배포함(Pigeon Holes)과 행사안내 및 참가자간의 메시지 교환을 위한 메시지 보드 등을 설치할 수 있다.

2) 현장등록

현장등록은 사전에 등록한 사람과 현장에서 등록할 사람을 분리하여 데스크를 설치하여 참가자들이 등록에 소요되는 시간을 절약하도록 하는 것이 바람직하다.

(1) 사전등록자

사전에 등록한 사람들을 위해서 등록업무 개시 전에 사전에 등록한 자료에 의하여 명찰 등을 사전에 제작해 준비해야한다. 사전등록자가 등록확인서를 제시하면 사전에 등록한 내용의 변동여부를 확인한 후 바로 기 제작된 명찰, 등록물품 세트를 지급하면 등록이 완료된다.

(2) 현장등록자

현장에 도착하여 등록을 하려는 사람에게는 참가자가 카운터에 도착하면 등록서 양식을 배부하여 작성도록 하여야 한다. 등록데스크 운영자는 작성된 등록서를 받아 회원, 준비회원, 업저버 등 참가자격을 확인한 후 등록비를 납부받고 명찰제작, 등록물품 세트를 지급하는 것으로 등록이 완료된다. 현장등록자의 등록사항은 즉시 회의참가자 Database에 입력하여 각종 행사계획의 수정 등에 적용토록 하여야 한다.

(3) 등록데스크 운영요원 선정

등록데스크에서는 회원, 비회원 등의 구분에 따른 회비수납의 차등적용과 각종 참가자의 문의사항에 답변 등이 필요하므로 가급적 국제기구 본부요원이나 주최 측 요원이 주요 업무를 담당토록 하는 것이 바람직하다. 만일 외부인력을 고용할 경우에는 공식언어를 능숙하게 구사할 수 있는 인원을 선발하여 충분히 교육을 실시한 후 배치하여야 한다.

제6장 연회분야

최근의 국제회의는 인터넷을 위시한 통신망의 발달로, 사실상 상호간의 관련분야의 정보교환은 이러한 통신망을 통하여 실시간으로 이루어진다고 볼 수 있으며, 국제회의는 이러한 사유로 상호간의 정보교환 목적보다는 상호 대면하여 사교의 장을 넓히는 기회로 활용되는 것이 더 일반적이다.

또한 각종 회의나 세미나는 필요한 장소와 기자재 등만을 준비해 놓고 참가자나 사회자가 진행토록 하고, 주최 측에서는 진행에 필요한 보조인력 제공 등 최소한의 역할만 수행하여도 소기의 성과를 거둘 수 있다. 그러나 회의에 부대되는 행사인 연회행사는 주최 측의 철저한 기획과 준비 및 운영 등에 의하여 전체행사의 성패를 좌우할 만큼 중요한 행사이다. 따라서 국제회의 개최에 있어서도 주최 측에서는 실질적인 회의나 세미나보다도 각종 사교행사에 비중을 더 두게 된다.

1. 연회의 종류

연회는 보통 만찬(Dinner)과 오찬(Luncheon), 리셉션(Reception), 조찬회(Breakfast), 다과회(Tea Party), 원유회(Garden Party) 등 여러 가지로 나눌 수 있다.

1) 만찬

연회의 종류 중 가장 중요하고 격식과 절차가 엄격한 것이 만찬이다. 만찬은 그 형식 여하에 따라 공식(Formal), 준공식(Semi Formal) 및 비공식(Informal)으로 나누어지나 그 구분의 기준이 반드시 명확한 것은 아니다.

2) 오찬

오찬도 만찬과 같이 공식, 비공식으로 나누어지나 그 격식이나 절차는 만찬처럼 엄격하지는 않다.

3) 리셉션

리셉션은 칵테일파티와 다를 바 없으나, 정부 고위관리나, 외교관이 공식적으로 주최하는 경우 이를 리셉션이라고 하는 경우가 많다. 그러나 최근에는 리셉션을 만찬의 개념으로 혼용되어 많이 사용하고 있다.

※ 서비스 형태로 구분하는 경우에는 Table service와 Buffet로 구분할 수 있다.

2. 연회 준비계획 수립

연회를 준비하기 위해서는 종합적인 준비계획을 수립해야 하며, 그 준비계획에는 다음과 같은 사항을 포함하여야 한다.

① 연회의 종류 결정
연회의 목적이나 주빈의 지위, 기호, 피초청자의 범위, 예산, 장소, 시간 등을 고려하

여 Breakfast, Luncheon, Reception, Dinner 등의 종류를 정한다.

② 일시 및 장소 결정

일반 연회의 경우는 주말이나 공휴일에는 연회를 개최하자 않는 것이 원칙이나, 국제회의의 경우는 예외적으로 대부분 회의기간 중에 개최되므로 이를 무시해도 좋다. 연회의 개최장소는 연회장소의 위치나 수용능력, 분위기, 설비, 사용가능시간 등을 고려하여 결정해야 한다.

③ 주최자 선정

주최자는 주빈이 있으면 그의 직위나 연회의 성격, 부부동반 여부 등을 고려하여 결정하고, 주최자를 선정하면 국제기구 또는 협회 등의 본부와 상의하여 최종 결정을 해야 한다. 국제회의 시 개최되는 주요연회는 개최국의 환영만찬, 국제기구나 협회 측의 만찬, 개최도시의 만찬, 차기 개최국의 만찬, 외국대사관 주최 오찬, 스폰서에 의한 오찬 등이다.

④ 이벤트 행사 계획 수립

대부분의 만찬 경우는 반드시 공연 등이 동반되며, 오찬의 경우는 저명인사의 강연이나 가벼운 이벤트가 열리므로 이에 대한 계획을 수립해야 한다.

⑤ 영접 계획

연회에 참석하는 참가자 특히 VIP에 대한 영접계획을 수립해야 한다.

⑥ Head Table 및 좌석배치 계획

연회에 참석하는 VIP에 대한 Head Table을 배치해야 하고, 그 대상자를 선정해야 하며, 좌석배치도를 준비해야 한다.

⑦ 안내데스크 운영계획

참가자에게 명찰, 기념품, 행사진행안내서 등을 제공하고, 방명록을 관리할 수 있도록 안내데스크를 운영해야 한다.

⑧ 메뉴 및 음료 선정

⑨ 시청각 장비 및 조명

⑩ 예산

⑪ 참가자 이동계획

⑫ 행사진행 시나리오 준비

⑬ 초청장 제작 및 발송 계획

⑭ 현수막 및 배너 등 인테리어 계획

⑮ 주차장 운영계획

⑯ 예상참가자수

⑰ 기념품

⑱ 안내 및 영접 등 행사 진행요원 확보계획 등

3. 오찬행사

회의기간 중 오찬행사는 대부분 주최 측이나 스폰서 측에서 제공하는 것이 일반적이며, 이는 해당회의의 관례에 따르는 것이 바람직하다. 오찬행사의 참석대상자는 특정대상을 위한 행사를 제외하고는 전 회의참가자를 대상으로 하여야 한다. 전 회의참가자의 범위에는 회의와 병행하여 개최되는 동반자를 위한 사교행사에 참가하지 않고 호텔 등에 잔류하는 인원을 포함한다.

오찬행사의 개최 시에는 시간상의 제약으로 회의가 개최되는 호텔의 연회장에서 개최되는 것이 일반적이다. 회의가 호텔이외의 장소에서 개최되어 자체에서 조리가 불가능할 경우에는 가까운 호텔을 이용하거나, 회의장에서 인접한 장소에 공간을 확보하고 호텔이나 전문업체의 Catering Service를 이용하여 오찬을 제공할 수 있다. 부득이 회의장과 떨어진 장소에서 오찬을 개최할 경우에는 교통편을 준비해야 하는데, 일시에 많은 인원을 이동시키는 데는 많은 어려움과 비용이 수반되므로 가능한 도보로 이동할 수 있는 장소에서 행사를 개최하는 것이 필요하다.

메뉴의 선정은 예산 등을 고려하여 호텔이나 전문업체의 식음료담당자와 협의하여 기존의 메뉴를 활용하거나, 행사특성 등을 고려하여 새로운 메뉴를 개발할 수 있다. 각 행사별 메뉴는 전문가와 협의하여 전체회의기간 중 제공될 메뉴에 대하여 사전에 협의하여 가능한 같은 음식을 여러 번 제공한다던지 한식 또는 양식 일변도로 제공한다던지 하는 것은 지양하고, 우리나라의 고유음식, 양식, 중식 등 다양한 종류와 메뉴를 제공하여야 한다.

음식을 제공하는 방식은 Buffet식과 Table Service방식이 있다. 두 가지 방식 모두 음료수나 접시, 조미료, 식도구 등은 테이블에 비치하여 놓는 것은 동일하다. 그러나 Buffet식은 음식테이블에서 각자가 자기 몫의 음식물을 직접 가져다 먹는 형태이며, Table Service방식은 웨이터나 웨이트리스가 테이블로 직접 음식을 각자에게 제공하는 방식이다. 그러므로 상대적으로 Formal한 분위기를 중시하는 회의라면 Table Service방식을, Informal한 회의라면 Buffet식을 선택할 수 있으며, 비용면에서는 일반적으로 Table Service방식이 많이 소요된다.

메뉴 선정 시 가능하다면 주메뉴에 병행하여 특정종교국가나 채식주의자 등을 위한 메뉴도 병행하여 선택할 수 있는 선택사항을 제공하면 해당참가자로부터 호평을 받을 수 있으며, 해당행사의 참여자의 폭을 넓히는데 상당한 도움이 될 수 있다.

오찬 시에 제공하는 음료는 물, 커피, 홍차 등을 제공하게 되며, 주류는 필요하다면 Toss를 위한 최소량만 준비하고 가급적 지양하는 것을 원칙으로 하는 것이 일반적이다.

오찬시간은 통상적으로 1~2시간정도가 적당한데, 행사에는 주최 측이나 스폰서 측에서 간단한 Ceremony를 포함하여 식사 개시 전에 환영인사나 영상물 상영 등 Promotion행사를 할 수 있으나, 회의참가자에게 부담을 주지 않도록 하여야 한다. 주최 측에서는 행사내용과 유인물배포, 필요장비 등 필요한 사항에 대하여 스폰서, 호텔 측과 사전에 협의하여 조율하고, 진행순서를 명확히 하여 행사진행을 원활히 할 수 있도록 하여야 한다.

오찬장에는 특별한 장식이 소요되지는 않으나 통상적으로 호텔 측에서 제공하는 Ice Carving(얼음조각)과 필요하다면 주최 측에서 비용을 부담하는 테이블의 꽃장식 정도와 해당행사만을 위한 Menu판을 특색있게 제작하여 비치할 수 있으며, Ceremony가 있을 경우 현수막, 병풍과 Podium정도를 준비하면 된다.

오찬장내의 좌석배치는 자유착석을 원칙으로 하는 것이 바람직하며, 필요하다면 1~2개의 Head Table만 Sign을 비치하고, 개별적으로 Head table 대상자를 자연스럽게 유도하여 타 참석자들이 위화감을 느끼지 않도록 배려하여야 한다. 테이블은 통상적으로 둥근형태를 사용하는데 테이블 크기에 따라 8~10명 정도가 착석토록 좌석을 배치하며, Head table은 착석인원수에 따라 사각형테이블이나 통상적인 원형테이블보다 큰 테이블을 활용할 수 있다.

호텔에서 개최하는 오찬 등 각종행사의 진행은 주최 측과 호텔 측에서 사전에 카운터 파트로 지정된 인원(Hole Captain)간의 긴밀한 의사소통에 의하여야 하고, 타인이 행사진행에 관여하고자 할 때에는 지정된 인원을 통하여 의사 표명을 하는 것이 바람직하다.

4. 만찬행사

통상적으로 만찬행사는 회의기간 중 개회식과 더불어 전체 국제회의 참가자들이 한 자리에 모이는 중요한 행사인데, 만찬행사는 특히 참가자에게 식사를 제공한다는 목적 이외에 더 중요한 것이 참가자간의 자연스러운 만남의 장을 제공하기 위한 목적이 있다. 따라서 주최 측에서는 최대한 격식을 갖추면서도 참가자간의 자연스러운 사교의 장이 펼쳐질 수 있도록 분위기의 조성에 신경을 써야 한다.

1) Head Table

헤드테이블은 Host와 Hostess를 중심으로 참가자 중에서 해당행사에서 가장 중요한 인물위주로 좌석을 배치한다. 국제회의에서는 행사를 주최하는 Host와 해당 국제기구의 회장은 필수적으로 매 행사에 헤드테이블에 배정하고, 나머지 좌석은 전체행사를 감안하여 일정레벨이상의 인원을 돌아가면서 앉히는 것이 참가자간 화합도 도모할 수 있는 효과를 기대할 수 있다.

2) 시간

만찬개최시간은 통상 18:00∼22:00사이에 개최하는 것이 일반적이며, 식사시간은 인원수, 칵테일파티 병행여부, 음식제공형태 및 공연 등 부대행사 등에 따라 1.5∼4시간 정도가 소요된다.

만찬행사의 참가자는 통상적으로 회의참가대표단, 동반자를 포함한 회의등록자 전원이 대상이 되므로 만찬행사의 시간결정은 만찬이전에 개최되는 회의나 동반자행사를 포함한 각종 행사의 종료시간과 동반자의 Make-Up시간 등을 충분히 고려하여 결정하여야 한다.

시간배분은 칵테일을 병행할 경우, 칵테일행사는 식사 전에 간단한 음주를 하는 목적과 참가자들의 참석을 기다리는 목적을 가지고 있으므로 시간배분에 있어서는 1시간 정도를 할애하고, 만찬행사에 1∼1.5시간, 식후 공연 등 부대행사에 1∼1.5시간 정도를 할애하는 것이 일반적이며, 가급적 사전에 계획된 시간을 준수하는 것이 필요하다.

만찬행사에 회의참가자와 더불어 국내 유관기관인사를 초청할 수 있으며, 이 경우 참가대표단은 만찬장과 동일하거나 인근에서 만찬장으로 이동하게 되어 주최 측에서 참가시간에 신경을 쓸 필요가 그리 없으나, 국내인사는 해당시간대의 교통혼잡 등을 고려하여 사전에 행사에 늦지 않도록 관계기관과 충분히 협조하는 것이 필요하다.

3) 장소

회의기간 중 주최 측이나 스폰서 측에서 제공하는 만찬행사는 대부분의 경우 회의장이 위치한 호텔의 연회장에서 개최되는 것이 일반적이며, 장소적 제약에 따라 주간에 회의장으로 활용하던 공간을 만찬장으로 활용하는 경우가 대부분이다. 그리고 수일간

계속되는 국제회의에서는 만찬행사 등이 개최주체를 달리하여 개최되는 경우가 일반적이기 때문에 각 주최자별로 자체 행사의 특색을 부여하고, 참가자에게 다양한 기회를 부여하기 위하여 회의개최장소가 아닌 특색있는 장소를 별도로 선정하여 행사를 개최할 수 있다.

국제회의장소가 관광지 등 도심이 아니고, 자연환경이 허락하는 계절이라면 만찬 등의 행사를 실내가 아닌 야외에서 개최하는 것도 고려해 볼 수 있다. 야외행사는 여건이 허락한다면 실내행사에 비하여 훨씬 높은 성과를 거둘 수 있으나, 행사당일 날씨에 따라 성패가 판가름나게 되므로 1년여 전에 프로그램을 확정해야하는 국제회의 특성상 주최 측으로서는 상당한 모험이 될 수 있다. 따라서 사전에 프로그램을 확정하기 전에 통상적인 해당시기의 해당지역 날씨 등을 감안하여 개최계획을 수립하고, 만일의 경우를 대비하여 실내행사장을 병행하여 준비하는 등 보완책을 마련하여 시행할 수 있다.

이러한 경우 주최 측에서는 참가자의 이동에 따른 안내 및 수송문제, 왕복에 소요되는 시간 등을 고려하여 행사진행에 차질이 없도록 관련기관과 긴밀히 협조하여야 한다.

4) 프로그램

연회 프로그램은 행사의 성격에 따라 별도의 칵테일파티 개최여부, 각종 Promotion 행사 등 공연병행여부, 공연형태 및 종류에 따라 진행방식이나 시간계획 등을 달리하게 된다. 일반적으로 Formal한 행사에서는 별도의 장소에서 칵테일파티를 개최하고, 별도의 장소에 마련된 만찬장에서 만찬사 등 Ceremony거행, Main Dish서브 및 공연행사를 관람하는 것이 일반적인 형태이다. Ceremony의 개최는 칵테일파티가 종료된 후 전인원이 만찬장에 입장하여 Main Dish가 서브되기 전에 개최하는 것이 일반적이며, Ceremony종료는 참가자 전원의 Toast로 결정하는 것이 바람직하다.

공연은 해당분야에 특별한 지식이 없는 한 공연전문기획사를 통하여 공연내용을 기획하고, 사회자 및 공연단 섭외를 하는 것이 일반적이며, 어느 정도 이상의 지명도를 가진 인물이나 단체는 1년 이상의 스케줄이 사전에 결정되어 있는 것이 보통이다. 원하는 공연을 차질없이 거행하려면 행사내용을 일찍 확정하여 공연기획사로 하여금 공연단 섭외와 예약을 일찍하게 해야 한다.

공연단의 선정은 다양한 공연전문기획사로부터 Proposal을 받아 행사성격을 고려한 공연단의 지명도와 구성의 충실도, 공연비 등을 종합적으로 검토하여 결정하여야 한다. 외국인과 국내인은 취향이 다르기 때문에 국내에서 지명도가 높다고 무작정 높은 공연비를 지불하고 시행키보다는 저렴한 공연비에 외국인의 호응도가 좋은 단체나 개인 등을 선정하는 것이 필요하다. 그리고 정부기관이나 공공기관에서는 세종문화회관이나 국립국악원 등 정부나 지방자치단체에 소속된 공연단을 활용할 경우, 행정절차를 거치면 저렴한 비용이나 무료의 공연도 가능하니 다방면으로 자료를 수집하여 기획하는 것이 바람직하다.

우리나라에서 개최하는 국제행사의 공연으로는 일반적으로 사물놀이나 고전무용 등의 민속공연이나 전통의상쇼 등 우리 고유의 문화나 현대가요 공연 등을 고려해 볼 수 있다. 국제회의 참가자들은 해당분야의 전문가들로 여러 방면에 식견이 넓기 때문에 공연도 어느 정도 수준급 이상을 선정해야지 어설픈 수준의 공연은 행사전체의 질을 저하시킬 수 있다.

공연단의 리허설은 장소나 시간이 허락한다면 실제 공연장소에서 하는 것이 필요하다. 그러나 타이트한 스케줄에 따라 리허설에 할애할 시간이 부족하다면 칵테일 행사시 만찬장에 설치된 무대에서 리허설을 허용할 수 있으나, 자칫 참가자들에게 본 공연이 김빠진 행사가 될 수 있으므로 가능한 한 칵테일장과는 격리하거나 음량을 조절하여야 한다.

공연에 소요되는 조명이나 음향을 회의장 시설을 사용치 않을 경우에는 가능한 공연단과 호흡이 맞는 팀을 섭외하여야 하며, 공연단섭외 시 조명과 음향도 Package로 계약하는 것도 한 가지 방법이 될 수 있다.

5) 메뉴 및 서브형태

메뉴는 해당행사의 예산을 감안하여, 호텔 등의 식음료담당자(F & B manager)와 협의하여 결정한다. 칵테일행사에는 주류와 더불어 소프트드링크를 준비하여야 하며, 제공되는 주류의 종류는 사전에 식음료담당자와 협의를 하여 쉐리와인이나 포트와인, 칵테일용 주류, 우리나라의 전통주류 중에서 선택하면 된다. 그밖에 땅콩, 감자칩, 카나페(얇은 빵에 캐비어, 치즈 등을 바른 전채요리) 등 간단한 요깃거리를 함께 제공한다.

Main Dish를 제공하는 방식은 크게 Table Service와 Buffet로 구분한다. Table Service

는 참가자들의 테이블로 웨이터나 웨이트리스가 개개인 몫의 음식을 제공하는 방식이며, Buffet는 음식 테이블을 별도로 마련해 놓고 참가자 각자가 자기 몫의 음식을 가져다 먹는 형태이다. 일반적으로 격식을 갖춰야 하는 Formal한 행사에서는 Table Service가 주종을 이룬다.

Main Dish 메뉴는 참가자의 사회, 문화적 특성 및 기호를 고려하고, 전체행사 기간 중 공식적으로 제공될 음식을 종합적으로 기획하여 결정하여야 한다. 예를 들어 양식문화권 참가자가 대부분이라고 양식만을 제공한다던지 하는 것은 지양해야 한다. "로마에 가면 로마인이 되라"는 말이 있듯이 각 참가자들은 새로운 문화권을 방문하기 전에 그곳의 문화를 익히려는 준비를 하고 왔기 때문에 노력해도 단기간에 적응할 수 없는 우리나라의 매운 음식 등을 지양한다면 오히려 우리 고유의 음식이 타문화권의 방문자에게 더 호평을 받을 수 있다. 최근에는 호텔이나 전문 Catering업체에서 우리나라의 한식을 비롯한 각국의 음식을 양식의 Full Course로 서브할 수 있는 메뉴를 많이 개발해 놓고 있으므로 이러한 것을 활용하면 될 것이다.

그리고 가능하다면 종교관계로 금기시하는 음식이 있는 민족이라던지, 채식주의자들을 위한 메뉴를 별도로 준비하면 행사의 참여도를 높일 수 있으며, 이렇게 별도의 서비스가 가능하다면 사전에 초청장 등에 이러한 내용을 명시하여야 한다.

제공되는 음식의 수준 해당 국제행사의 관례 등을 참조하여 결정하는 것이 바람직하다. 무작정 고가의 고급음식을 대접한다고 참가자들이 좋아하는 것이 아니고, 지나치지 않고 우리나라나 그 행사의 특성을 잘 반영한 음식을 서비스하는 것이 행사비용도 절감하고, 참가자들로부터도 호응을 얻을 수 있다.

연회행사에서 가장 중요한 것이 참석인원의 예측인데 이는 상당한 Skill을 필요로 한다.

참석인원을 과소하게 예측하면 참가자의 음식과 좌석이 부족하게 되어 국제행사 개최에서 치명적인 결례를 범하게 되며, 과다하게 예측하면 이는 바로 과다한 경비의 지출로 연결되기 때문이다. 그러나 통상적으로 호텔이나 Catering업체에서는 통보된 인원보다 10%정도 늘어나는 것은 커버할 수 있을 정도의 음식은 준비하기 때문에 좌석은 예측인원만큼만 준비하기보다는 어느 정도 예측된 참석인원보다 더 배치하여 행사를 진행하면 비용손실을 최소화하고 좌석이 부족하여 저지르는 결례도 예방할 수 있을 것이다.

그리고 호텔이나 Catering 업체에서는 일정기간 전에 확정인원의 통보시한을 요청하는 데 주최 측으로서는 가능한 한 이 통보시한을 늦추려고 하는 반면에, 음식을 준비하는 업체 측에서는 가능한 통보시한을 당기려한다. 따라서 이러한 통보시한도 전반적인

행사의 개최 전에 통보시한을 합의하여야 하며, 추후 행사 개최시에는 상호간에 합의
된 통보시한을 준수하는 것이 필요하다.

주류의 종류

가. 식전주(Aperitif or Cocktails)
· Highball (Whiskey, Gin, Vodka를 주재료로 만듦)
  - Scotch and soda, Scotch and water
    (Scotch & coke이나 Scotch & tonic은 없음)
  - Bourbon and soda, Bourbon and water, Bourbon and coke, Bourbon and
    gingerale
  - Gin and Tonic
  - Vodka and Tonic
· Gin Fizz, Tom Collins
· Sherry
· Vermouth
· Cocktails
  - Mahattan
  - Martini
  - Old Fashioned
  - Pink Lady
  - Million Dollar
  - Naked Lady
  - Rainbow
  - Campari Soda 등

나. 식사 중에 마시는 술

· 백포도주(White): 보통 생선 음식(white meat)의 반주로 7-10℃ 정도 차게 마심.
· 적포도주(Red): 육류 음식(red meat)의 반주로서 실온, 즉 17-19℃로 마심.
· 로제(Rose): 육류와 생선요리 공통으로 반주가 되며, 차게 해서 마심.
· 샴페인(Champagne): 포도주의 일종으로 축하의 술이며, 차게 해서 마심.

다. 식후주

· Brandy: 일종의 포도주로서 알콜이 40-42℃가 되는 강한 술(꼬냑 등)
· Liquor: 사과, 오렌지 등 과일로 만든 술(Cointreau, Calvados, Drambuie등)

6) Decoration 및 행사장 준비물

호텔 등 회의시설에는 별도로 회의장과 연회장 등을 갖추고 있는 경우는 드물며, 대부분 복합적인 용도로 활용할 수 있는 홀을 마련해 놓고 회의나 연회규모에 따라 전체를 사용하거나 파티션을 설치하여 사용하고 있다.

따라서 오찬이나 소규모의 연회행사는 회의기간 중에 회의장과 별도의 장소에서 개최할 수 있다. 그러나 만찬 등 대규모의 연회행사는 당일의 회의가 종료한 뒤 회의시설을 철거하고 연회행사를 개최하게 된다. 통상적으로 회의장의 철거 및 연회장 Setting에는 1.5~2시간 정도가 소요되므로 사전에 회의프로그램 작성 시 회의종료시간 감안하여 가능한 여유있게 연회준비가 이루어질 수 있도록 시간계획을 하는 것이 필요하다.

행사가 회의장소와 별도의 장소에서 개최되면 연회장 Setting은 여유를 가지고 할 수 있다. 그러나 호텔 등에서는 국제행사가 개최되는 중에도 시설사용 스케줄에 따라 시간대별로 여유가 있는 회의장이나 연회시설을 타 행사에 임대하는 경우가 종종 있으므로 사전에 사용가능성이 있는 행사장은 타 행사에 임대치 않도록 조치하여 놓는 것이 필요하다.

칵테일장은 연회장과 분리하여 설치하는데 연회장밖 로비나 연회장내에 일정부분을 파티션을 설치하면 된다. 칵테일장에는 입구에 영접장소를 배치하고 주류를 서비스하는 Bar와 안주가 배치되는 Table을 규모에 따라 칵테일장 내에 일정수량 배치하며, 중앙에는 Ice Carving을 설치하고 안주테이블을 군데군데 비치하면 된다. 칵테일장 테이블 위에는 꽃장식으로 마무리하고 칵테일장 내부에는 화분을 비치한다. 영접장소는 Host와 Hostess가 위치하는 곳에 뒷면에 병풍 등으로 마감하여 마련한다.

연회장내 좌석배치는 Table Service와 Burffet의 경우가 다소 다른데 통상적으로 무대와 Head Table을 중심으로 반원형으로 배치하는 것이 일반적이다. 연회장에는 전면중앙에 공연행사에 알맞은 규모의 무대를 설치하고 무대에서 가까운 위치에 무대공연을 제일 잘 관람할 수 있는 장소에 Head Table을 설치한다. 통상적으로 Head Table은 한 개를 설치하는 것이 일반적이나 필요에 따라 2~3개를 설치하는 경우도 있으며, 1개를 설치하더라도 인원수에 따라 사각형테이블을 연결하여 인원수를 조절할 수도 있다. 헤드테이블에는 개인별로 명패를 비치하여 헤드테이블 인사간의 서열공방 등을 예방하고 자연스러운 분위기를 조성한다. 일반테이블은 헤드테이블을 중심으로 반원형으로 설치하는 것이 일반적이며 음식의 서비스형태에 따른 동선을 고려하여 설치한다.

Table Service 방식으로 식사를 하는 경우, 1인당 소요면적은 약 0.9㎡가 필요하다. 연회장 규모에 따라 참가인원수 보다 넓은 경우에는 테이블간격을 넓히고, 좁을 경우에는 테이블 간격을 좁히는 방법으로, 전체적으로 연회장을 빈 공간없이 테이블을 비치하는 것이 바람직하다.

테이블은 통상적으로 둥근형태를 사용하는데 지름이 1.5m의 경우에는 최대 9명, 1.8m의 경우에는 최대 10명을 배치할 수 있으며, 사각형의 테이블을 사용할 경우에는 일반적으로 폭이 30인치 테이블이 많이 사용된다. 각각의 테이블에는 행사시작전에 중앙에 테이블번호, 꽃장식, 조미료를 비치하고, 메뉴판, 개인별 접시, 빵과 버터, 냅킨, 식사도구 및 음료수를 Setting하여 놓는다.

메뉴판은 소규모 행사나 Informal한 행사는 호텔에 준비되어 있는 것을 그대로 사용하여도 무방하나, 격식을 갖추어야 할 행사의 경우에는 메뉴 등이 호텔의 기존메뉴를 사용치 않고 별도로 기획하는 경우가 많으므로 행사의 로고 등을 삽입하여 별도로 인쇄하여 사용하는 것이 바람직하다.

공연무대는 공연단 측과 사전에 협의하여 당일공연의 종류에 알맞은 높이와 넓이를 준비하여야 한다. 무대장치는 연회장에 자체적으로 보유하고 있는 것을 사용할 수 있으며 자체보유한 무대장치가 부적합할 경우에는 별도로 제작하거나 임대하여 설치하여야 한다. 무대의 뒷면이나 옆면의 벽면처리는 행사별로 간단한 행사의 경우에는 현판이나 현수막을 게시하면 되고, 전문적인 행사의 경우에는 현판이나 현수막과 더불어 행사에 걸맞는 무대장치를 별도로 설치하여야 한다. 무대장치는 통상적으로 해당행사장과 계약이 되어있는 업체가 행사장실정을 잘 알고 있기 때문에 해당업체를 이용하는 것이 바람직하고, 기타 특수한 장치 등을 설치할 경우에는 전문업체를 섭외하여 설치하면 된다. 공연무대와는 별도로 참가자들이 동참할 수 있는 Dancing Floor를 무대 앞이나 옆쪽에 마련하는 것도 행사를 다채롭게 하는데 도움이 된다. 전문공연의 경우에는 음향, 영상장치나 조명장치도 행사장 자체에서 보유한 것이 미흡할 경우에는 외부업체로부터 임차하여야 한다.

7) 초청장 발송 및 참가확인

회의참가대표단에 대한 각종 행사의 초청장은 현장에서의 회의참가 등록 시 일괄적으로 등록물품 세트와 함께 전달하는 방식이 일반적이다. 또한 각 행사별로 회의 참가인원 중 특정인원을 대상으로 하는 행사를 제외하고는 회의참가 등록자는 전 행사의 참석권을 가지는 것이 일반적이다. 따라서 행사별 참가확인도 참가인원이 한정된 소규모 행사는 개별적으로 확인할 수 있으나, 전체 인원이 참가하는 행사는 개별적으로 참가여부를 확인을 하는 것보다는 과거의 관례 등을 참조하여 참석인원을 예측하는 것이 일반적이다.

참가자 확인에서 가장 어려운 점이 국제행사에 초청된 국내인사의 참석확인이다. 국내인사의 대부분이 초청장을 사전에 발송하고 특정시점까지 참석여부의 통보를 요청하여도 참석여부를 자발적으로 통보하는 경우는 드물고, 주최 측에서 참석여부를 확인하여도 확답을 미루는 사례가 비일비재하다. 그리고 설사 참석을 통보받았더라도 행사당일에 참석을 취소하는 경우도 다반사여서 국내인사에 대한 참석율 예측을 어떻게 하는가가 행사인원 예측의 가장 어려운 점이며, 인력소요도 많이 있는 부분이다.

제7장 숙박분야

국제회의를 개최하는 데 있어 조직위원회의 숙박분야에서 준비해야 할 사항은 숙박
장소 선정 및 객실 확보와 숙박요금의 결정, 각 호텔별 객실배정 및 조정관리, 각 호텔과
의 연락 조정, 숙박데스크 설치 운영 등이 있다.

1. 숙박비용

숙박비용은 대부분의 국제회의에서 참가자가 부담하는 것이 원칙이며, 주최 측에서
는 소수의 VIP나 주최 측의 참가인력을 위한 비용만을 부담하면 된다. 국제회의 참가자
들을 위해서는 예약 시점을 정하여 시점별로 객실요금을 추가 할인해주도록 하고, 행사
2~3일전부터 행사 종료 2~3일까지 유효하도록 호텔 측과 협상을 해야 한다.

2. 숙박장소 선정

숙박장소의 결정은 주최 측 입장에서 볼 때 성공적인 회의개최의 가장 기본이 되는

사항이다. 왜냐하면 국제회의 개최시 대표단이 수송수단을 이용하지 않고 도보로 회의
장에 접근하는 것이 주최 측 입장에서는 인원의 수송이나 통제에 인력이나 추가적인 비
용을 소요치 않으면서 효율성을 극대화 할 수 있기 때문이다.

1) 숙박장소의 선정 시 고려사항

- 회의장소와의 거리와 접근 용이성: 우리나라에는 전문적인 회의 전용시설은
  COEX 및 BEXCO 등 일부에 한정되어 있어, 통상적으로 국제회의는 대부분 특급호
  텔 내에 위치한 장소를 이용하여 개최되는 것이 대부분이다. 일반적으로 대표단의
  숙박장소는 회의장과 동일장소 또는 도보로 접근할 수 있는 위치가 가장 바람직하
  다. 따라서 일반적으로 1,000명 이내의 인원이 참가하는 국제회의가 개최되는 장
  소는 대표단의 대부분이 숙박하는 호텔이 주 개최장소로 지정되는 것이 일반적이
  다. 그리고 주 개최호텔 인근에 위치한 호텔을 추가적으로 선정하여 참가자가 도보
  로 이동하게 함으로써 교통혼잡으로 인한 행사진행의 차질방지와 원거리 숙박지
  간의 셔틀버스 운행을 통한 행사운영경비를 절감하는 효과를 가져 올 수 있다.
- 참가자들의 경제수준: 같은 부류의 참가자들이라도 국가별 경제수준이나 지위의
  고하에 따라 요구하는 숙박시설의 수준이 차이가 많기 때문에, 숙박장소 선정에 있
  어서는 우선적으로 해당 국제회의 참가자들의 평균적인 수준을 감안하여 주 숙박
  장소를 선정하여야 한다. 그리고 같은 호텔이나 인근의 호텔 중에서 상위등급 및
  하위등급 등, 여러 등급의 호텔 및 객실수준을 선정하여 참가자들의 선택의 폭을
  넓혀 주어야 한다.
- 숙박호텔의 부대시설: 주차장, 렌탈 서비스, 휴게 및 오락시설, 쇼핑시설 등
- 국제회의 지원인력의 서비스 수준: 통신시설 및 언어소통능력, 종업원 교육, 친절
  도 등
- 과거 국제회의 개최실적
- 안전도: 화재경보시설, 비상시 대처시설, 안전금고 운용, 의료시설
- 교통문제 및 셔틀버스 유무 등

2) 숙박장소 선정

(1) 장소섭외

수 개의 후보장소가 선정되면 개별적으로 해당장소에 대한 섭외를 하게 되는데, 개별 숙박장소별로 섭외력에 가장 큰 영향을 미치는 요소는 회의개최시기이다. 회의가 호텔업계의 비수기에 개최되면 상대적으로 필요한 수량만큼의 객실블록이나 가격협상에서 주최 측이 유리한 입장에 서게 되지만, 호텔업계의 성수기에 회의가 개최되면 가격협상은 차치하고 필요한 객실의 블록조차 어렵게 될 수 있기 때문이다.

(2) 호텔과의 협상

호텔과의 협상에서 가장 중요한 것이 참가자들 대부분이 이용하는 일반객실에 대한 블록수량과 요금인데, 회의장과 인접하거나 동일장소에 있는 일반객실에 대한 수량과 요금을 어떻게 유리하게 계약을 하느냐에 따라 다수 참가자의 유도와 원활한 회의를 개최할 수 있다.

(3) 숙박호텔 지정

국제회의는 소규모회의를 제외하고는 여러 개의 호텔이 숙박호텔로 지정되는 것이 보통이다. 왜냐하면, 이는 한 호텔에 기본적으로 보유하고 있는 객실수가 회의 참가인원을 모두 수용하고도 남을 정도를 보유하고 있을지라도 장기투숙자나 단골투숙자 등 기존고객의 우대차원이나 많은 객실을 1주일이내의 짧은 기간에 대여하는 국제회의 특성상 호텔 측으로서는 메리트가 떨어지는 것이 사실이다.

후보호텔이 선정되면 호텔별로 필요한 참가자를 위한 객실의 블록, 객실료 협상, 무료제공 객실 및 참가자의 예약방법 및 객실료 지불방법, 블록된 객실 중 일정기간까지 예약이 되지 않는 객실에 대한 블록해제일자 등에 대한 협의가 이루어진다. 이러한 협의에는 국내 업계의 관행과 더불어 타국에서 개최된 동 국제회의 시 조건 등을 참고하여 유사한 수준에서 결정하는 것이 바람직하며, 참가자의 객실이용료 할인기간은 회의개최 전후로 가급적 3~4일 이상으로 협의하여 장기간 체류하는 참가자의 편의를 도모하는 것이 좋다.

3. 예약 및 숙박신청서 제작

1) 예약

숙박호텔과 요금 등 세부사항이 결정되면, 국제회의 예상참가자들에게 충분한 기간을 두어 숙박신청서(Housing Request Form)를 발송하여 개별적으로 해당호텔에 예약을 하도록 하거나, 회의참가신청서 양식에 숙박장소에 대한 정보를 포함하여 회의참가자가 회의참가등록서에 기록한 숙박정보를 일괄적으로 주최 측에서 해당호텔에 제공하는 방법 등을 활용할 수 있다. 물론 전자의 경우가 주최 측의 부담을 덜어주는 측면은 있으나 참가자별 숙박현황 파악에는 어려운 점이 있으므로 참가자의 숙박현황 및 입출국현황 등의 파악을 위하여 호텔예약서식을 주최 측에도 송부하는 시스템을 구축하는 등의 조치도 고려해 볼 만하다.

2) 숙박신청서 제작

숙박신청서(Housing Request Form 또는 Hotel Reservation Form) 에는 참가자가 자신의 예산과 취향 등을 고려하여 적합한 장소를 선택을 할 수 있도록 회의장 및 타 숙박지와의 거리, 호텔등급, 객실등급별 요금 및 할인율, 예약 후 미투숙 참가자의 예약금(Deposit) 환불거절 기준일자, 부대시설 현황, 주변지도 등과 함께 다음과 같은 사항들이 포함되어야 한다. 즉, 희망 숙박지(2차 선택장소포함), 투숙일자 및 체류기간, 숙박료지급방법, 예약비(Deposit)지급 및 반환방법 등을 기재할 수 있도록 만들어야 한다.

- Logo
- Participants
  - Name
  - Organization
  - Participants Address

- Telephone number
- Date of arrival and departure
- Flight Number
· Deadline for Reservation
· Return Address
· Hotel
- Hotels' Name
- Rate per room per day
- Deposit and Payment

4. 숙박시설 운용

1) 객실 배정

숙박예약신청서가 접수되면 선착순으로 객실을 배정하고, 각 호텔별로 참가자에게 예약확인서(Preliminary Confirmation)를 발송하여 예약이 확정되었음을 알려야 한다. 그리고 주최 측에서도 예약내역을 즉시 통보받아 특정호텔의 블록된 물량이 소진되면 2차 선택장소로 예약신청서를 전달하고, 예약이 된 호텔 측에서 참가자에게 예약확정 내용을 통보토록 하여야 한다. 주최 측에서는 분쟁당사국이나 적대국가간의 객실 분리 배정 등 사전에 유의할 사항 등을 주지시켜야 한다. 또한 객실의 배정에 많은 관여를 하기보다는 사전에 블록된 물량이 제대로 배정되는가의 여부나 매일 매일의 예약현황을 호텔 측으로부터 통보받는 정도로 하여야 하며, 가급적 예약이나 환불, 객실변경, 취소 사항 등의 업무는 참가자와 호텔간에 직접 해결할 수 있도록 하는 것이 주최 측의 부담을 경감하고, 업무처리도 원활히 할 수 있다.

2) 숙박료 지불

숙박료는 등록비에 포함시키거나 본인이 직접 지불하는 방법이 있다. 그러나 등록비에 포함시키는 방법은 편리하기는 하나 참가자에게 부담을 주기 때문에 바람직하지 않으므로 대부분의 국제회의는 참가자가 직접 지불하는 방법이 사용된다. 최근에는 인터넷의 발달로 국제회의 참가자가 직접 공식호텔이 아닌 근처호텔을 정해 참가하기도 한다.

그리고 공식호텔에 직접 예약할 때에는 호텔 측이 통상적으로 해당객실의 하루 객실료 정도의 예치금을 징수하게 하는 게 바람직하며, 지불수단은 신용카드나 송금수표, 전신송금 등으로 하면 된다.

3) 숙박데스크 설치 · 운영

국제회의를 개최하기 직전에 조직위원회는 참가자들이 숙박하고 있는 숙박장소 로비 등에 별도의 참가자 전용의 숙박데스크를 운영하여야 한다. 숙박데스크는 조직위원회와 호텔 등 선정된 숙박업자와 계약시 명문화하여 조직위원회 인원이 아닌 숙박업자 측에서 준비하여 운영함으로써 참가자에게 편의를 제고하고 좋은 이미지를 부여할 수 있다.

4) 숙박시설 운용 시 유의사항

블록된 객실에 대한 예약이 차지 않으면 사전에 호텔과 약정된 일시에 블록을 해제하여야 한다. 만일 블록을 해제치 않으면 향후 호텔 측과 Penalty지급과 관련하여 분쟁이 발생할 수 있으므로 최초 협상 시 이에 대한 사항을 명확히 하여야 한다.

제8장 수송분야

국제회의를 성공적으로 개최하고 참가자를 보다 많이 국제회의에 참가시키기 위해
서는 평상시보다 저렴한 항공요금과 편리하고 안전한 교통수단 등을 제공하여야 한다.
수송은 크게 나누어 회의기간 전후에 걸쳐 국제회의 참가자들이 회의참가를 위해 이용
하는 항공교통에 의한 수송과 회의기간전후의 입·출국 지원과 행사기간중의 행사장간
이동을 위한 육상교통에 의한 수송으로 구분할 수 있다. 따라서 조직위원회의 수송분야
담당자는 항공수송 및 육상수송 전반에 대한 수송종합계획 및 세부추진계획을 수립하
여 시행함으로써 국제회의를 개최하는 데 소홀함이 없도록 하여야 한다.

1. 항공수송

국제회의에는 참가자는 거의 대부분 항공교통을 이용하며, 주최 측에서는 참가예정
자들에게 보다 유리한 요금이나 서비스를 제공하기 위하여 공식항공사를 지정하게 된
다. 공식항공사는 대표단과 화물의 수송을 통한 항공운임수입과 함께 국제회의 홍보물
을 통한 Promotion을 할 수 있게 되는 이점을 얻을 수 있다. 주최 측으로서는 이러한 이
점을 바탕으로 공식항공사로부터 회의참가 VIP나 본부요원들에 대한 무료항공권 확보

나 대폭적인 할인율의 적용 및 국제회의 참가자들에 대한 항공운임 할인, 회의자료 및 전시물에 대한 무료운송 또는 운임의 할인을 받을 수 있다.

항공운임은 항공사에서 운임과 관련된 업무에만 종사하여도 2~3년 이상 근무하여야 그 체계를 알 수 있을 정도로 복잡한 것으로 알려져 있기 때문에 항공사와의 운임이나 할인조건 등의 협의에는 상당히 전문적인 지식을 필요로 한다. 따라서 특정내용에 대하여 한 개의 항공사와 협의를 하여 결정하기보다는 경쟁관계에 있는 항공사들로부터 조건 등을 제시받아 상호 비교하여 주최 측에 보다 유리한 조건을 제시한 항공사를 선정하는 것이 바람직하다.

항공사와의 협상에서도 숙박과 마찬가지로 노선별, 시기별로 협상조건이 많이 달라진다. 항공수요 성수기에 국제회의가 개최될 경우에는 그만큼 항공사와의 협상자 지위에서 불리함을 감수하여야 하며, 비수기에 개최될 경우에는 예상외의 파격적인 운임할인이나 조건을 기대할 수 있다.

공식항공사가 선정되면 주최 측에서는 각종 국제회의 공식 홍보물에 공식항공사의 광고를 게재하거나 로고를 삽입하여 주고, 항공사로부터 홍보물을 확보하여 회의참가 안내서 등을 참가예정자들에게 발송할 때 첨부하여 해당항공사의 홍보와 함께 참가자들이 공식항공사를 많이 이용할 수 있도록 협조한다.

특정항공사를 공식항공사로 지정하고 할인율 등을 확정한 후에는 확정된 내용을 해당 국제회의에 참가가 예상되는 인원들에게 개별통보나 해당국제기구의 Circular 등 홍보물을 통하여 알리고, 할인된 항공운임을 편리한 장소에서 국제회의 참가자들이 적용받을 수 있도록 공식항공사의 지점망이나 대리점 위치, 전화번호와 함께 본인이 해당 국제회의의 참가를 위하여 예약하는 것임을 증명할 수 있는 쿠폰 등을 제작하여 배포한다.

공식항공사가 선정되었다고 해도 1개의 항공사로는 항공노선이나 스케줄 등이 국제회의 참가자들이 요구를 전부 충족시킬 수는 불가능하기 때문에 규모가 큰 국제회의는 공식항공사를 복수로 선정할 수 있다. 이러한 경우에는 항공사별 지원내용에 따라 주최 측에서의 지원에도 차별을 둘 수 있으나, 기본적인 홍보 등에서는 차별을 두어서는 안 된다. 공식항공사가 선정되면 주최 측에서는 공식항공사의 예약시스템을 통해 입·출국자의 정보를 수시로 제공받을 수 있다. 이 정보를 이용하여 주최 측은 국제회의 참가자수나 일정 등을 예측하여 육상수송이나 각종 행사의 개최에 가장 중요한 기초자료로 활용할 수 있는 이점을 얻을 수 있다. 물론 공식항공사가 선정되었다고 해서 국제회의 참가자들 전부가 이용하는 것이 아니므로, 이러한 참가자의 예측에는 공식항공사를 이용하지 않는 인원과 과거의 사례 및 공식항공사의 노선이나 스케줄의 다양성을 감안하여야 한다.

2. 육상수송

육상수송의 주된 기능은 참가자들의 입·출국 시 공항과 숙박장소 간의 수송 및 회의기간 중에 숙박호텔과 행사장간 또는 회의장과 행사장간 등의 참가자 수송이다.

1) 입·출국수송

회의참가자들의 입·출국 시 공항과 숙박장소 간의 수송에는 참가자들을 위한 별도의 교통편을 제공하거나, 대부분의 국제공항에는 다운타운의 Major호텔 간에 리무진서비스가 있으므로 이를 이용하게 하거나 대중교통수단을 이용토록 할 수 있다. 따라서 통상적인 국제회의에서는 참가자들이 밀집되는 시기에는 별도의 교통수단을 배정하고, 그렇지 않은 경우에는 기존의 교통수단을 이용토록 하는 것이 일반적이다.

입·출국에 따른 수송수단에 대하여는 사전에 참가예정자들에게 상세한 정보를 제공하여 참가자들이 자신의 일정 등을 감안하여 자유롭고 편리하게 이용할 수 있도록 하여야 한다. 또한 공식 숙박지로 지정된 호텔 등에 리무진서비스 등이 제공되지 않을 경우에는 공항버스 등을 이용할 수 있는데, 이 경우에도 리무진서비스가 해당호텔을 경유치 않을 때에는 해당운송사와 협의하여 회의기간 중 공식 호텔을 경유토록 할 수 있으며, 운임의 할인도 협의하여 결정할 수 있다.

수송계획에서 가장 중요한 것은 회의 참가자들 모두에게 편리한 교통편을 제공하는 것이겠지만 입·출국일정의 미통보나 참가자들의 갑작스런 일정변경사항 등을 모두 충족하기는 불가능하므로 최소한의 비용으로 최대한의 효과를 거둘 수 있는 방향으로 업무를 추진하여야 한다.

참가자들의 입·출국 수송에서 장시간 항공여행을 한 참가자를 공항에서 또 장시간 대기토록 하는 것은 지양하고, 필요하다면 공항 내 대기장소를 마련하여 차 한 잔 마실

시간정도 대기한 후 주최 측에서 마련한 교통수단이나 대중교통수단 등으로 신속히 이동토록 하는 것이 필요하다. 통상적으로 주최 측에서 마련한 교통수단의 운영비용은 주최 측에서 부담하는 것이 일반적이며, 대중교통수단을 이용 시에는 해당 참가자가 비용을 부담하는 것이 일반적인 형태이다.

대중교통을 이용 시에도 가능하다면 해당 참가자를 위하여 특별히 제작된 승차권을 이용하는 것이 공항이나 호텔에서 참가자의 식별이 용이하다. 그리고 사전에 참가안내서 등을 배포할 때 행사 로고나 심벌 스티커 등을 배포하여 입국 시 가슴에 패용케 하거나 수하물에 부착케 함으로써 참가자의 식별을 용이하게 할 수 있으며, 대중교통수단 이용 시 운임할인을 위한 식별을 용이하게 할 수 있다.

Major호텔들은 평상시에도 공항과 자기 호텔간에 Shuttle서비스를 제공하고 있으므로, 주최 측에서는 Shuttle서비스 계획 시 주최 측에서 제공하는 차량에 호텔 Shuttle스케줄을 혼합하여 편성하면 저렴한 비용으로 보다 다양한 수송계획을 수립할 수 있다. 그리고 행사기간 중에는 별도로 주최 측에서 입·출국수송에 따른 교통편 제공없이 안내원배치만 하고 호텔의 Shuttle서비스를 이용하여 수요를 처리할 수도 있다.

2) 행사장 수송

국제회의에서 주최 측의 부담을 더는 가장 큰 요소는 행사장간 수송수요을 최소화하는 것이다. 행사장간 수송을 최소화하면 할수록 행사인원의 집결, 시간계획 등에서 주최 측이 자유로워질 수 있다. 따라서 회의장, 회의참가자들의 숙박장소 및 기타 관련행사장소가 한 장소 내지 도보로 이동할 수 있는 거리에 위치한다면, 주최 측으로서는 개최경비의 절감뿐만 아니라 각종 행사의 시간계획에서 보다 정교한 프로그램을 작성할 수 있다. 만일 이렇게 된다면 국제회의의 반은 성공적으로 개최했다고 할 수 있을 정도이다.

그러나 이렇게 한 장소에서 회의 전체의 스케줄을 소화하는 것은 주최 측으로서는 행사개최를 손쉽게 하는 이점은 얻을 수 있을지 모르나, 회의참가자들에게 다양한 체험을 제공하는 것과는 거리가 있으므로 수송을 배제한 스케줄 편성은 불가능하다.

행사장간의 수송에서는 먼저 회의장 등 행사장과 참가자들의 숙박장소를 연결하는 Shuttle시스템을 설계하여야 한다. 행사장이 참가자들의 숙박장소와 원격지에 위치할 경우에는 정기적인 Shuttle서비스를 제공하여야 하는데, 우리나라와 같이 대도시의 교통 혼잡이 심한 경우에는 운행간격이나 시간대에 대한 세심한 배려를 필요로 한다. 자칫 Shuttle 스케줄만 믿고 수송수단을 이용한 회의참가자가 행사에 늦는다든지 하는 것은 철저히 예방하여야 한다.

Shuttle서비스는 사전에 운행계획을 수립하여 늦어도 회의 참가등록 시까지 세부 노선과 스케줄표를 회의참가자에게 배포하여 회의참가자들이 사전에 자기 스케줄 편성시 참고토록 하여야 하며, 특별한 사정이 없는 한 이용객이 없더라도 계획된 노선과 스케줄대로 운행하여야 한다. 부득이 노선이나 스케줄을 변경코자 할 경우에는 행사장 중심에 위치한 Bulletin Board에 게시하거나 개인별 Pigeon Hole이나 전 참가자의 객실로 변경사항을 통보하여야 한다.

Shuttle서비스의 제공을 위해서는 수송차량에는 차량식별표지를 부착하여 운행하고, 승하차장소에 식별표지판을 설치하고 행사요원이 승하차장소에 상주하여 참가자들이 Shuttle서비스를 이용하는데 따른 안내 및 대체 교통수단의 안내 등 문의사항에 대하여 대처하여야 한다.

Shuttle서비스는 회의나 행사 등의 스케줄에 따라 시간대별로 탄력적으로 제공하여야 한다. 참가자들이 이용의 편의를 위해서는 24시간 일정한 간격으로 Shuttle서비스를 제공하는 것이 바람직하다. 그러나 이러한 것은 낭비에 지나지 않으므로 사전에 숙박장소별로 이동수요를 세부적으로 예측하여 이동수요가 많은 시간에는 차량을 집중적으로 배차하고 이동수요가 적은 시간대에는 배차를 줄여 수송에 따른 비용을 절감한다.

행사장간의 수송에서 또 다른 중요한 수송요소는 회의참가자들이 전체적으로 연회행사 등의 참석을 위하여 타 장소로 이동할 경우의 수송대책이다. 회의참가자들이 한 장소에서 타 장소로의 이동은 일시에 전체적인 인원이 이동해야 하므로 일시에 많은 차량수요와 인력의 수요를 촉발한다. 그리고 이러한 많은 차량이 동시에 이동해야 하므로 이동구간의 교통혼잡 등 교통상황을 고려해야 하고, 출발장소와 도착장소의 주차공간 확보, 출발장소와 도착장소의 안내 및 행사진행요원 확보를 필요로 한다.

일시에 많은 차량이 정해진 시간 내에 이동하려면 가급적 이동시간대를 교통혼잡시간대를 피하여 설정하고, 교통경찰의 협조를 얻어 신속한 이동을 도모하여야 한다. 최근에는 일반인의 불편을 최소화하기 위하여 교통통제 등은 불가피한 경우이외에는 지양하는 추세이므로 행사계획 시 이동경로나 우회로 선정, 이동시간대 설정 시 유관기관과의 긴밀한 협조를 통하여 차질이 없도록 하여야 한다.

행사장의 이동에 육상교통 이외의 교통수단을 이용하기 위해서는 보다 복잡한 절차가 요구된다. 항공기나 선박을 이용 시에는 해당 교통수단을 전체적으로 임차하기보다는 기존의 운항스케줄에 따라 필요한 수량의 좌석을 예약하여 이용하는 것이 대부분이므로 사전에 정확한 수요를 예측하여 예약 등의 조치를 철저히 하여야 한다.

행사장간의 이동시에는 차량별로 안내요원이 탑승하여 차량간 및 도착장소와의 연락체계를 구축하여 행사진행을 원활히 할 수 있도록 하며, 안내요원은 이동 중에 탑승자들에게 당일의 행사개요 등을 설명하고, 가능하다면 주변의 경관에 대한 안내를 하는 것이 바람직하다.

3. 수송업체의 선정

1) 수송업체의 선정

수송업체의 선정은 사전에 자료수집을 통하여 행사에 필요한 차량을 충분히 보유한 업체들을 대상으로 행사계획을 제공하고, 이에 따른 업체별 제안서를 제출받아 주최 측에 가장 유리한 조건을 제시한 업체 1개 이상을 선정한다. 통상적으로 전세버스는 전일 또는 반일단위로 요금을 결정하는데, 이러한 사항은 업체와의 협의로 조정이 가능하기 때문에 수송전체수요를 제시하여 이에 따른 전체비용을 협의하여 결정하는 것이 유리하다.

차량의 수요는 행사시작전과 종료 후에는 주로 입·출국 수송에 행사기간 중에는 행사장간 Shuttle 서비스와 관광행사, 행사참석을 위한 행사장간 이동 등에 집중되므로 일자별로 최대 수요량을 예측하여 무리없이 조달할 수 있는 업체를 선정한다. 1개 업체로 부족할 경우를 대비하여 복수로 업체를 선정하는 것도 필요하다. 또한 사전에 예측한 수요량을 많이 초과하거나 미달할 경우를 대비하는 것도 필요하다.

수송업체 선정 시에 가장 고려해야할 사항은 요금이지만, 다음과 같은 여러 가지 요소도 업체선정 시 간과해서는 안 된다. 즉, 전체 차량보유대수 및 동시동원 가능대수, 차량의 노후정도, 냉난방시설 완비여부, 보험가입상태, 과거 국제행사 지원실적 등도 수송수단의 요금만큼 중요한 요소이다.

2) 수송업체와의 계약

수송업체와의 계약에서는 정확한 수요량의 예측이 계약단계에서 곤란하므로 요금은 지원형태별로 단가계약을 체결하고 최종적인 수요량은 24시간 또는 48시간전 등 일정시간 전에 수송회사에 통보하는 형태로 계약을 체결하는 것이 바람직하다. 또한 예약된 차량이라도 사정상 이용치 않고 되돌려 보낼 때의 페널티나 지정된 일시와 장소에 차량을 제공치 않았을 경우에 대한 배상 등에 대하여도 계약할 때 명확히 하여야 한다.

수송업체와의 계약에 있어서도 행사의 개최시기가 해당업계의 성수기냐 비수기냐에 따라 업체와 주최 측과의 교섭에서 운임이나 차량의 원활한 제공 등에 많은 차이가 있을 수 있으므로 가급적 이른 시기에 계약을 체결하여 행사진행에 차질이 없도록 하여야 한다. 행사가 수송업계의 성수기에 개최될 경우에 수송업체와의 계약이 지연될 경우에는 자칫 운임협상은 고사하고 원하는 수량의 차량확보에도 많은 어려움이 있을 수 있으므로 가급적 신속하게 처리해야할 업무 중의 하나이다.

그리고 Shuttle서비스나 행사장간의 수송에서 차량고장이나 사고 등에 대비한 예비차량의 확보도 필요하며, 이러한 예비차량은 계약에 포함시켜 수송업체의 부담으로 처리하는 것이 바람직하다.

4. 기타 준비사항

① 대외 협조 요청

VIP 수송이나 입·출국수송, 행사장간 이동 등 국제회의참가자의 이동시 해당경찰서에 사전에 협조요청을 해야 하며, 행사장내의 주차장등을 확보하기 위해서 행사장 관리자에게 사전에 협조요청을 해야 한다.

② 각종 게시물 제작

행사장내 부착할 현수막 및 환영 플래카드 등을 제작하여야 하며, 행사차량임을 나타
내는 표지판 및 주차장용 게시물 등을 제작하여야 한다.

③ 수송 안내요원 확보

수송안내요원을 확보하여 교육을 시키고, 상호 연락용 무선장비 등을 준비해야 한다.

④ 비상용품 준비

비올 때를 대비하여 우비 또는 우산을 준비하고, 안전사고 등에 대비한 의료용품 등
을 준비해야 한다.

제9장 관광분야

1. 관광행사의 개요

관광행사는 국제회의 개최전후에 실시되는 경우와 국제회의 개최 중에 실시되는 경우로 구분할 수도 있고, 참가자를 위한 관광과 동반자를 위한 관광으로도 나눌 수 있다. 그러나 여기서는 전자의 경우로 나누어 설명하기로 한다.

회의 개최전후에 실시하는 행사는 동반자를 포함한 전체 국제회의 참가자를 대상으로 숙박 등을 포함하여 1일 이상으로 원거리 관광지나 산업현장을 방문하는 내용으로 기획할 수 있으나, 국제회의 개최 중에 실시하는 행사는 동반자를 참가대상으로 하여 근거리에 위치한 관광지나 명소를 방문하는 당일행사로 기획하는 것이 일반적이다.

관광행사는 가능하다면 참가자들의 선택의 폭을 넓혀 주기 위하여 1가지 프로그램을 기획하는 것보다는 2개 이상을 동시에 운영토록 하는 것이 바람직하다. 특정 프로그램에 인원이 편중되는 것을 방지하기 위하여 프로그램별로 같은 방문장소를 다른 날짜에 방문토록 하거나, 당일행사인 경우에는 프로그램별로 방문순서를 달리하는 등의 방법을 활용하면 될 것이다.

관광행사는 자체적으로 방문지 선정이나 식음료 제공방법 등 프로그램을 기획하여 운영할 수도 있으나, 시행착오가 있을 수 있으므로 과거에 많은 경험을 가지고 보유하고 있는 신뢰할 수 있는 여행사 등 전문업체를 선정하여 시행하는 방안이 오히려 바람직하다.

2. 프로그램 기획

1) 관광프로그램 기획

관광프로그램의 기획에서 가장 중요한 것은 참가자들의 연령, 문화수준, 사회적 지위 정도, 관심분야 등을 종합적으로 감안하여 그들에게 무엇을 보여줄 것인가를 결정하는 것이다. 즉, 어설프게 백화점식으로 여러 가지를 보여주는 것보다는 일자별로 첫날은 우리나라의 고유의 문화재나 박물관 등을 방문하고, 다음날은 현대화된 산업시설 방문 또는 재래시장이나 백화점 등에서의 쇼핑을 하는 등 특색을 부여하는 것이 참가자들의 호응도를 높이게 될 것이다.

일자별로 당일 프로그램의 주제가 결정되면 방문 가능한 후보지를 대상으로 장단점을 분석하고 방문에 따른 시간계획 등 임시프로그램을 수립한 후, 해당 방문지의 관리기관과 해당행사에의 지원 가능여부 및 방문지에서의 관광경로나 행사 등에 대하여 협의하여 지원이 가능할 경우에 행사내용을 확정한다. 통상 유명방문지를 관리하는 기관에는 유사행사의 수행경험이 많기 때문에 가급적 해당기관에서 권장하는 방안 중에서 하나를 선정하는 것이 바람직하다.

프로그램의 기획에서 중요한 것은 위에서 언급한 바와 같이 참가자들에게 일방적으로 보여주는 행사보다는 참가자들이 직접 참여할 수 있는 행사를 기획하는 것이 참가자들도 흥미를 느끼고 해당행사에 대한 인상도 깊게 만들 수 있다.

프로그램 기획 시 추가적으로 감안할 사항은 당일행사의 경우 국제회의 개최기간 중 저녁시간에는 대부분 연회 등이 개최되므로 동반자가 행사에 늦지 않도록 교통체증 등을 예상하여 충분한 시간을 두어 출발지로 복귀하여야 하며, 여성들은 출발지 복귀이후에도 화장 등에 많은 시간을 할애하여야 하므로 이를 감안하여 프로그램을 기획하여야 한다.

2) 대체프로그램 기획

관광행사는 대부분이 실외에서 개최되므로 우천 시를 대비한 계획을 수립하여, 개최 전이나 개최 중에 기상이상으로 예정된 프로그램을 진행하기 어렵다고 판단할 경우에 무작정 행사를 취소하기보다는 비상시에 대비하여 실내에서 이루어질 수 있는 대체 프로그램을 기획하여 시행하는 것이 바람직하다. 우천시에도 무조건 행사를 취소하기보다는 일부 시행이 가능한 프로그램을 위하여 기념품을 우산으로 준비하여 평상시에는 행사가 종료된 이후에 지급하고, 행사진행중 강우시에는 기념품을 조기에 지급하여 행사를 계속 진행하는 방안도 고려해 볼만하다.

3) 옵션 프로그램

옵션 프로그램의 경우에는 행사를 주관하는 여행사 등과 협의하여 적절한 수준의 가격을 책정토록 하고, 참가인원이 예상보다 부족할 경우에도 행사가 차질없이 진행될 수 있도록 계약을 체결하여야 한다.

4) 차량

관광행사에 지원되는 차량은 냉난방시설이 완비된 신형차량을 배차하여야 하므로 여행사와의 계약에서는 지원차량의 번호나 운전기사의 성명까지도 가급적 명기하여야 한다.

5) 최종점검

관광 프로그램이 확정되면 도상훈련 등을 통하여 계속적으로 점검과 확인을 통하여 세부계획을 확정하여야 한다.

3. 참가신청

관광프로그램이 확정되면 안내 Brochure를 작성하여 국제기구 회원, 비회원 등 예상 회의 참가대상자에게 송부한다. 안내 Brochure에는 세부적인 시간계획은 명시하지 않고 각 방문지에 대한 사진을 포함하여 장소에 대한 소개와 설명으로 충분하며, 대략의 출발시간과 도착시간을 명시하면 되고, 해당행사가 참가자가 비용을 부담하는 옵션일 경우에는 행사별 요금을 명시하여야 한다.

참가신청은 회의참가등록서에 관련내용을 삽입하여 회의참가 등록 시 참가자들이 참가여부를 표기토록 한다. 비록 동반자를 대상으로 한 행사도 회의참가자도 참여할 수 있으므로 참가여부 표시란에는 동반자뿐 아니라 본인도 표기할 수 있도록 하여야 한다.

현장등록자를 위한 참가신청은 유관기관과의 협조 등 관련일정을 감안하여 행사 2~3 일전에 마감하는 것이 바람직하며, 현장에 설치한 관광데스크에서는 참가자들의 예약 확인 등의 업무를 수행하여 행사에 참여하는 정확한 인원의 예측을 가능토록 하여야 한다. 정확한 인원산정을 위하여 사전에 참가신청을 한 인원을 포함하여 전 인원에게 쿠폰을 발행하여 행사당일 회수하는 것도 참가자수의 확인이나 사전에 예약된 참가자임을 확인하는 방법으로 활용할 수 있다.

사전에 예약을 하고 요금을 지불한 참가대상자가 불가피한 사정으로 불참하는 것에 대비하기 위하여 해약가능시한을 설정하여 환불절차를 마련하고, 해약자로 인한 공백을 보충하기 위하여 참가희망자들을 대상으로 예비엔트리를 확보하는 방안도 검토해 볼 수 있다.

4. 행사준비

참가대상자가 확정되면 참가자명단을 작성하여 관련기관이나 방문지에 통보하고, 음식점 등에는 사전에 약정한대로 식음료 준비 확정수량을 통보한다. 이와 병행하여 사전에 계약된 보험사에 통보하여 여행보험에 가입하는 등 참가자의 안전을 위한 조치를 병행하여야 한다.

관광행사 중에는 불의의 사고에 대비하기 위한 의료진을 동행시키거나 긴급 의료체계를 갖추어야 한다. 의료진은 응급조치가 가능토록 앰뷸런스에 의사 및 간호사가 동승하여야 하며, 관광행사의 방문지별로 긴급후송에 대비한 인근 의료기관과 협조체계도 갖추어야 한다.

통역이나 관광안내가이드 등 지원인력은 사전에 여행사나 한국관광공사 등을 통하여 확보하고, 해당 관광프로그램의 내용이나 방문지 등에 대한 정보나 관광행사 참가대상자의 수준이나 관심사항 등을 사전에 충분한 교육을 통하여 숙지시켜 행사의 원활한 진행을 도모한다.

관광행사 참가자들을 위해서는 행사별 상세한 시간계획과 방문지에 대한 안내를 공식언어별로 작성하여 행사당일 참가자에게 배포토록 준비하여야 한다.

관광행사 중에 오찬 등의 식음료 제공이 필요할 경우에는 사전에 메뉴나 음식점의 서비스, 청결도, 규모 등을 감안하여 예약을 하고, 행사시에는 규모가 허락한다면 음식점 전체를 예약하거나, 규모가 작을 경우에는 행사참가자를 일반인과 격리할 수 있는 파티션 등의 설치를 요구하는 것이 바람직하다. 식음료 제공에는 유관업체를 대상으로 스폰서를 확보하여 해당업체의 플래카드를 게시하거나 간단한 프로모션을 할 수 있도록 하면 주최 측으로서는 경비절감을 도모할 수 있는 이점이 있다.

5. 행사진행

당일행사 진행을 위하여 최소한 2개조 이상의 인원을 편성하여 1개조는 본진으로 참가자들과 동행하면서 행사를 진행하고, 1개조는 선발대로 먼저 참가자가 방문할 방문지에 도착하여 입장권구입, 주차공간 확보 및 행사장의 준비 등 본진을 맞이할 준비를 하고, 본진이 도착하면 다음 행선지로 출발하여 행사장 준비를 하는 형태로 운영하여야 한다. 본진과 선발대간에는 긴밀한 연락체계를 갖추어 원활한 행사진행이 이루어지도록 하고 국제회의 준비사무국과도 수시로 연락하여 연계행사에 차질이 없도록 하여야 한다.

참가자들이 이동하는 차량 등 교통편 내에서는 다음 방문지에 대한 안내와 주의사항 및 주변의 경관에 대하여 안내를 하는 것이 필요하며, 간단한 레크리에이션행사를 실시하는 것도 필요하다.

행사는 최대한 예정된 스케줄대로 진행하여야 하며, 돌발적인 상황으로 인하여 예정
된 행사의 개최가 어려울 경우를 대비하여 행사를 총괄하는 담당자와 긴밀히 협조하여
현장의 진행자들이 우왕좌왕하지 않고 일사불란하게 행동하여야 한다. 스케줄이 변경
되면 준비사무국에도 즉시 통보하여 연계행사에 대비토록 조치하여야 한다.

제10장 인력분야

1. 개요

회의개최에 소요되는 인력은 조직내부에서 인력을 차출하여 충당하는 방법, 외부 전문업체에서 충당하는 방법 및 공개 선발절차를 거쳐 충당하는 방법 등이 있다. 소규모 국제회의의 경우에는 조직내부인력의 차출방법을 주로 이용하고, 중규모 및 대규모의 국제회의는 외부 전문업체에 위탁하거나 직접 선발하는 방법을 많이 사용한다. 회의개최준비는 통상적으로 1~2년이나 그 이상의 기간을 필요로 하기 때문에 내부인력만으로 소요인력을 충당하는 방식은 당사자의 본연의 업무공백을 가져올 수 있으므로 핵심인력으로 최소화하고 가능한 한 국제회의기획업체(PCO)등 외부인력을 활용하는 것이 바람직하다.

내부인력은 가급적 전원이 회의개최 경험인력으로 충당되는 것이 바람직하지만 현실적으로 불가능한 경우가 대부분이므로, 적어도 총괄책임자나 부문별책임자만이라도 유경험자를 확보하는 것이 중요하다. 회의개최전반에 대하여 총괄책임자만 내부인원이 맡고 나머지 전반적인 업무를 PCO 등에게 일임할 수도 있으나, 조직내부의 의사결정부분은 내부인력이 담당할 수밖에 없으므로 최소한의 내부인력의 소요는 필수적이다.

준비인력은 초기에는 분야별로 업무수요가 많지 않으므로 소수의 인원이 여러분야를 복합적으로 담당하다가 업무량의 증가시기를 감안하여 단계별·업무별로 세분하여 인력을 확충하고, 회의개최 1년~3개월 전까지는 회의개최에 참가할 인원이 전부 충당되어 각자 자기분야의 업무를 정확히 숙지하도록 한다.

회의개최가 임박한 최종단계에는 준비조직을 운영조직으로 개편하고 외부 운영인력의 충원 및 교육을 필요로 한다.

2. 초기 준비단계

국제회의가 유치되면 조직 내부적으로 행사개최를 총괄할 준비조직을 구성하여야 한다. 준비조직은 가급적 경험자 위주로 선발하는 것이 좋겠지만 경험자를 확보하기 어렵다면 국제회의 컨설팅업체나 PCO를 활용할 수 있다.

국제회의는 초기 준비단계에서 대부분의 행사 프로그램 확정, 회의장소 선정 등 회의개최에 중요한 업무가 결정되고, 그 이후에는 확정된 프로그램 등에 의하여 세부 추진계획이나 세부내용을 확정하여 가는 단계이므로 회의개최에 따른 업무의 결정권한을 위임받아 개최계획의 전반적인 면을 설계할 수 있는 소수의 인원이 필요하다.

초기 준비단계에서 처리할 업무는 다음과 같다.

- 회의주제의 개발
- 회의별 의장 및 연사 선정
- 회의장 결정
- 공식항공사 및 공식여행사 등의 선정
- 회의 공식로고 및 포스터 등 개발
- 주최국 홍보를 위한 General Information Brochure 제작
- 각종 등록서식 개발
- 참가예상자의 Mailing List작성 및 Update
- 참가예상자에게 주최 측의 인사장 발송
- 홍보계획 결정 및 홍보 개시

· 회의개최 예산 편성
· 회의개최 기본계획 수립

3. 본격 준비단계

본격 준비단계는 회의규모별로 통상 회의개최 1년~3개월 전의 단계로, 회의개최 기본계획과 프로그램에 따라 세부 내용을 확정하고 발전하여 가는 단계로, 업무분야별로 최종 행사를 계획하고 진행하여야 할 인원이 배치되어야 한다. 초기단계에 한 사람이 여러 분야를 담당하던 업무를 업무분야별로 배치된 인원에게 인계하고, 인수받은 인원은 해당분야 기본계획의 실행을 위한 제반업무를 추진하는 단계이다.

① 분야별 인원

분야별 인원은 회의규모에 따라 다르겠지만 가급적 소수의 인원에게 많은 권한을 위임하여 신속한 의사결정이 이루어지도록 하고, 총괄책임자가 전체적인 조정을 하는 형태가 바람직하다. 국제회의는 주관적이고 창의적인 면이 강조되는 특성이 있어 분야별 인원이 많아질 경우 옥상옥이 되어 오히려 조직의 효율을 떨어뜨리고, 상대적으로 업무비중이 낮은 사람으로 인하여 업무비중이 높은 사람의 사기저하를 초래할 수도 있다.

② 주요업무

본격 준비단계에서 처리할 업무는 다음과 같다.

· 회의 참가 초청장 및 관련자료 발송
· 연사별 원고 접수
· 영접, 수송 등 외부행사 세부계획 확정 및 발전
· 회의, 연회 등 행사장 세부계획 확정 및 발전
· 관광 등 사교행사 개발 및 세부계획 확정 및 발전
· 옵션관광 프로그램 확정
· 인력선발 및 운용계획 확정 및 발전

· 행사 스폰서 확보계획 수립 및 추진
· 홍보 세부계획 확정 및 단계적 추진
· 통신 및 기자재 지원계획 확정
· 기타 행정지원계획 확정 및 추진

4. 최종 준비단계

최종 준비단계는 회의개최 2~3개월 전부터 회의개최를 위하여 회의장으로 준비조직이 이동하는 시점까지의 단계로, 인원은 본격 준비단계와 거의 동일한 수준을 유지하면서 행사 프로그램 및 시나리오의 확정과 분야별로 소요인력 및 물품 등의 확보, 행사 기간중의 지원인력에 대한 교육 등의 업무를 수행한다.

① 운영조직 개편
이제까지의 회의준비조직을 운영조직으로 개편하는 단계로 단계적으로 분야별 내외부의 운영인력을 확보하여야 한다. 회의준비조직을 운영조직으로 개편할 경우에는 운영조직은 이제까지의 계획을 실행하는 단계이므로 준비단계에서 같은 업무를 담당하던 인원들도 세분하여 해당분야 행사별로 책임자를 분담하여 수행하는 것이 효율적이고, 개인별로도 행사종료 후에 성취감을 가질 수 있는 이점이 있다.

② 인력
회의 운영인력은 특정분야 업무에만 전담 배치하는 것보다는 그때그때 행사일정에 따라 전환배치가 가능하므로, 분야별로 날짜별, 시간대별 소요인력을 산출하여 제출하면, 이를 총괄하는 분야에서 한정된 인원을 날짜별, 시간대별로 배치계획을 수립하여, 최소의 인력을 효율적으로 활용하여 경비를 절감하여 내실을 기하는 것이 필요하다.

③ 지원인력
내 · 외부 지원인력은 공식적인 회의기간 전에는 영접이나 수송 등에 중점 배치되며, 회의기간동안에는 영접이나 수송 등에는 인력수요가 줄어들므로 지원인력의 수를 감소

시켜 등록, 회의 등 행사인력으로 전환하는 등 인력을 탄력적으로 운영한다.

5. 회의기간 중

일반적으로 회의직전부터 회의기간 중에 인력이 필요한 행사 및 분야는 다음과 같다.

1) 영접

회의참가자들을 환영·송하고 공항 입·출국 편의를 제고하기 위하여 공항 내에 환영 및 안내데스크를 설치하고 업무를 수행해야 한다. 수행업무는 영접, 입출국 수속대행 및 수송수단의 안내 및 주선 등의 업무가 주를 이룬다. 공항 입·출국에 지원되는 인력의 필요자격은 주로 어학능력 소유자가 필요하며, 해당 국제회의의 공식언어를 감안하여 언어권별로 인원을 선발하여 참가자들의 언어권별로 적격자를 해당인사들의 영접에 배치한다.

영접인력은 통상적으로 회의 1주일정도 이전부터 배치하여야 하며, 항공기스케줄이 이른 아침부터 저녁 늦게까지 이어지므로 2~3교대근무가 필수적인데, 조 편성은 담당언어별로 편중되지 않게 하여 의사소통에 차질이 없도록 하여야 한다.

통상 공항에서 영접인원은 보세구역을 출입하여야 하므로 인력선발에 있어서 충분한 시간적 여유를 가지고 관련기관과 협의하여 출입허가 등을 받아야 하며, 신원에 이상이 없는 사람을 선발하여야 한다.

2) 등록

등록은 회의참가자들이 현장에 도착하면 사전등록여부의 확인, 현장등록 절차를 수행하는데, 등록비의 수납, 각종 회의자료, 초청장 및 이름표 등을 배포하는 것이 주 임무이다. 인력배치는 크게 나누어 사전등록자와 현장등록자로 구분하여 배치하는 것이 일반적이며, 상대적으로 규모가 큰 국제회의의 경우에는 이를 세분하여 지역별이나 언어권별로 세분하여 해당언어를 능숙하게 구사하는 인원을 배치한다. 규모가 작은 회의에서는 언어별로 다수의 인원을 배치하는 것보다는 여러 가지 언어를 동시에 구사하는 인력을 배치하는 것이 효율적이다.

3) 안내

회의기간 중 행사장별로 행사전반에 대한 안내, 참가자들의 불편사항 처리가 주된 임무이다. 안내는 참가자들의 편의를 위하여 회의참가자들이 활동하는 시간 중에는 항시 정해진 위치에 배치되어야 한다. 그리고 심야시간대 등 회의참가자들의 활동이 적은 시간에도 인원을 배치해야 하며, 인원배치가 여의치 않을 경우에는 안내전화를 준비사무국에서 수신할 수 있는 시스템을 마련하는 등 연락수단을 구비하여야 한다.

안내에 배치되는 인원도 언어권별로 다수의 인원을 배치하는 것보다는 여러 가지 언어를 동시에 구사하는 소수의 인력을 배치하는 것이 보다 효율적이며, 외부인력만을 배치하여서는 주최 측과의 의사소통이나 근무태도 등을 통제할 수 없으므로 가능한 한 행사내용에 정통한 주최 측의 직원을 상주시키는 것이 바람직하다.

4) 수송

회의참가자들의 입·출국이나 행사장간의 이동을 지원하기 위하여 차량에 동승하여 행사내용이나 주변의 경관에 대한 안내를 하거나, 차량의 배차, 교통상황에 따른 이동경로의 선정, 주차 등을 통제하는 것이 주임무이다. 차량 내에서의 안내를 하기 위해서는 언어능력과 이동구간의 지리나 장소에 대한 지식을 보유하고 있는 인력이 필요하다.

차량의 배차, 주차 등을 통제하는 인원은 사전에 행사장에 도착하여 주차공간의 확보나 차량통제 등을 행사장의 관계자들과 하는 것이 주임무이므로 언어능력은 그다지 중요하지 않으므로 언어능력을 보유한 외부인력보다는 활동적인 성격의 자체인력으로 충당하여도 무방하다.

5) 회의

각 회의장에 상주하여 동시(순차)통역, 스케줄에 의한 정상적인 회의진행여부 확인 및 사무국과의 연락업무, 자료배포 지원, Floor의 질문자들을 위한 마이크 전달 및 기타 회의진행과 관련한 발표자 및 청중의 지원이 주임무이다. 회의진행사항이나 참가자의 애로사항 청취를 위하여 언어능력과 각종 기자재 운용에 대한 기초지식을 보유한 인력이 필요하다.

동시통역요원은 회의 공식언어별로 동시에 개최되는 회의별로 2배수 이상의 인원을 필요로 한다. 우리나라에서 동시통역을 원활하게 수행할 수 있는 인력은 한정되어 있으므로 가급적 이른 시기에 인원별로 지명도 등을 감안하여 선발하여야 회의진행에 차질이 없다.

회의장지원요원은 회의가 개최되지 않는 시간대에는 발표자들이 사전에 기자재나 자신의 발표자료를 점검하기 위한 Preview룸을 담당토록 하는 것도 바람직한 방법이다.

회의지원요원 중에는 각종 컴퓨터, 영상, 음향기기나 동시통역기자재를 담당하는 요원이 필요한데, 회의장에 소속된 엔지니어로 해결이 어려울 경우에는 전문가를 별도로 고용하여야 한다.

6) 전시회

전시장에서 방문객 응대 및 안내와 전시장내의 감시가 주임무이다. 전시장내에 배치된 업체의 현황과 위치 등을 숙지하여 안내 및 설명을 하여야 하므로 언어능력이 필요하다. 전시회는 전문업체에서 일괄적으로 설치 및 장소임대 등을 담당하는 것이 일반적이므로 주최 측에서의 인력지원이 필요치 않을 수도 있다.

7) 관련행사 참가접수

동반자관광이나 산업시찰 등 회의가 아닌 부대행사의 참가접수를 하는 것이 주임무이다. 부대행사의 참석여부는 통상적으로 회의참가 등록시 일괄적으로 하는 것이나 참가자들의 개인적인 사정에 의하여 취소나 변경이 많이 발생한다. 부대행사는 정확한 참가인원을 예측해야 각종 연계되는 절차를 차질없이 수행할 수 있기 때문에 주최 측으로서는 매우 중요한 업무이므로 책임감있게 수행할 수 있는 인원이 필요하다. 지원인력은 안내와 마찬가지로 다양한 언어 구사능력이 필요하다.

8) 관광안내

동반자관광이나 산업시찰 등에서 참가자들을 인솔하고 고적지나 명승지 등을 방문하여 설명과 안내를 담당하는 것이 주임무이다. 다양한 언어능력은 기본이고 방문지에 대한 깊은 지식과 설명능력 등을 필요로 한다.
관광행사는 어학능력만 구비하였다고 해결되는 것이 아니고 그때그때 임기응변으로 대처할 사항이 많으므로 인력선발은 여행사 등을 통하여 경험이 많은 인원을 선발하는 것이 유리하다.

9) 기타

위에 언급한 분야이외에도 연회 등 각종행사에서의 안내나 사회자 등 행사별로 인력이 소요되는데 행사규모별로 적정자격의 인원을 별도로 선발하여 활용할 수도 있고, 연회 등은 보통 회의 등 공식행사가 종료된 시각에 개최되는 것이 일반적이므로 회의장 지원인력 등을 전환하여 활용할 수 있다.

6. 인력선발 및 교육

1) 인력선발

인력선발은 인력지원업체를 통하여 적격자를 복수로 추천받아 면접절차 등을 통하

여 선발하는 경우가 대부분이며, 대규모 행사의 경우에는 신문공고 등을 통하여 공개적
으로 선발하는 방법이나 자원봉사자 등을 모집하여 활용하는 방법 등을 활용할 수 있다.

2) 교육

대규모 행사에서는 많은 수의 임시인력이 일시에 투입되게 되는데, 이들은 전체의 행
사내용이나 준비과정 등을 알지 못하기 때문에 이들을 대상으로 사전에 충분한 교육을
실시하여야 한다. 행사기간중 인원별로 부여받은 임무를 충실히 수행할 수 있는 회의
지침서와 업무처리 절차도를 제작하여 지참토록 하는 것이 필요하다. 회의지침서에는
국제회의의 개요, 공식 프로그램, 행사장 도면 및 일자별 스케줄, 세부업무내용, 인원배
치계획과 주요 연락처와 담당자 등이 포함되며, 업무절차도에는 개인별 업무처리절차
와 방법이 포함된다.

제11장 전시분야

1. 전시회의 개요

1) 전시회의 정의

전시회란 특별히 정한 산업 또는 분야를 전시장이라고 불리어지는 일정한 장소에서 자신들의 제품이나 서비스를 불특정 다수(회의 참가자 및 일반 관람객 등)에게 보여주는 것을 말한다. 전시회는 영리를 목적으로 하는 전시회와 비영리 전시회로 나눌 수 있으며, 전시회는 대부분 국제회의와 함께 개최되지만 독립적으로 개최되는 경우도 있다. 국제회의의 일부로 개최되는 전시회는 Exhibition이라고 부르지만, 국제회의를 동반하지 않고 독립적으로 개최하는 경우는 Trade show라고 부르며, Exposition은 이들 두 가지 모두에 사용된다.

Trade show는 보통 1년 또는 2년에 한 번씩 주기적으로 동일장소에서 개최되는 전문전시회를 말하며, Exhibition은 국제회의 기간 전·후 또는 기간 중에 개최되며 대부분 해당 국제회의의 성격이나 주제와 관련된 산업의 전시회이다. 이렇듯 전시회는 성격에 따라 여러 가지로 나눌 수 있으나, 이 책에서는 국제회의의 일부로 개최되는 Exhibition을 중심으로 설명할 것이며, 전시회를 준비하는 것도 국제회의를 준비하는 것과 거의 유사하므로 간단하게 설명할 것이다.

이러한 전시회는 최근 회의 주최자에게 이익 창출과 참가자 유치라는 장점을 제공해 그 비중이 점점 더 커지고 있다. 전시회분야의 대표적인 기구로는 IEA(International Exhibitors Association) 및 BIE(Bureau International des Expositions) 등이 있다.

2) 전시회의 기획 및 준비사항

전시회의 기획은 국제회의 기획과 병행하여 이루어지는 것이 통상적이며, 전시회를 개최하기 위해서는 전시회 전반에 대한 종합계획과 이에 따른 추진계획서를 작성하여야 한다.

(1) 전시회 기획
전시회를 기획할 때는 다음과 같은 사항을 고려해야 한다.

- 주제 선정 및 전시기간 결정
- 전시회를 개최하는 목적: 영리 및 비영리 목적 결정
- 전시회의 운영조직: 조직위원회가 직접 운영할 것인가 또는 전문전시용역업체에 일임할 것인가 등을 결정
- 전시규모: 과거 전시회의 참가업체와 국내외 신규 참가예상업체를 파악하고 그 들의 부스 사용규모를 예상하여 전시규모를 결정
- 전시장소 선정: 예상한 전시규모를 수용할 수 있는 공간이 국제회의를 개최하고 있는 건물 내에 있으면 가장 바람직하고, 없을 경우는 국제회의장 근처의 장소로 선정해야한다. 전시장소를 선정할 때는 접근이 용이하고, 전시물의 반·출입이 용이해야 하며, 전시하는 데 필요한 전원, 냉난방시설, 조명설비, 엘리베이터 및 주차장 등이 잘 갖춰진 장소로 선정
- 마케팅 계획(전시부스 당 가격 결정 및 배정 등 포함)
- 예산편성
- 행사(개막식 및 리셉션 등) 계획 수립
- 이벤트 행사 등

(2) 전시회 준비사항

전시회 준비사항을 한국관광공사의 자료를 토대로 단계별로 살펴보면 다음과 같다.

① 제1단계(전시회 1~2년전)
· 개최 기본계획 수립
· 예산 편성 및 확보
· 운영조직 편성

② 제2단계(전시회 6개월~1년전)
· 참가 대상업체 파악
· 참가 안내서 제작 및 배포
· 전시업체 대상 설명회 개최 및 유치

③ 제3단계(전시회 1~3개월전)
· 전시회 운영 매뉴얼 작성
· 보세구역 허가 신청 및 세관 협조사항 요청
· 전시자용 안내서(Exhibitor's Kit) 제작
· 운영요원 확보 및 교육
· 부스 배치계획 수립

④ 전시회 직전
· 부스 설치
· 부스 장치 및 통로 정비
· 전시물 반입
· 각종 안내표지판 및 표지물 설치
· 전시물 설치 후 정리 · 정돈

⑤ 전시회 개최
· 전시회 운영

⑥ 전시 종료 후
· 전시물 반송
· 전시자 및 관계자에게 감사서신 발송
· 평가결과보고서 작성
· 정산 등 사후관리

2. 전시회의 분야별 준비사항

1) 예산 편성

전시회의 개최하기 위해서는 무엇보다도 예산편성 및 확보가 중요하다. 전시회의 예산을 편성하기 위한 주요항목을 수입부문과 지출부문으로 나누어 살펴보면 다음과 같다.

(1) 수입부문
· 전시회 참가비(부스 판매대금 포함)
· 전시회 디렉토리 및 안내책자 판매 수입
· 각종 인쇄물의 광고 수입
· 입장료
· 은행이자 등 잡수입

(2) 지출부문
· 전시장 건설 또는 확보 비용 또는 전시장 임차료
· 전시장 설치 및 장치비
· 인쇄비(디렉토리, 안내책자, 포스터, 입장권 등)
· 인건비
· 일반관리비

· 경비 등

2) 전시회의 마케팅

전시회의 마케팅 및 홍보방법은 국제회의 마케팅 및 홍보방법과 다를 바가 거의 없으므로 간단하게 설명한다.

(1) 전시업체 유치
· 다음과 같은 내용을 수록한 전시회 유치 안내책자를 제작하여 직접 또는 마케팅전문업체에 일임하여 전시를 희망하는 업체를 유치한다.
  - 인사말
  - 개최 목적
  - 전시회의 개요(주제, 명칭, 기간, 장소, 주최, 협찬, 후원 등) 및 기대효과
  - 참가자격
  - 부스할당 계획 및 방법
  - 참가요령 및 참가신청용지
· 전시회의 참가업체가 결정되면 전시업체 담당자를 대상으로 전시회 참가에 대한 주의사항 및 규정과 디렉토리 게재신청서 및 보세취급신청서 등 각종 신청서가 수록된 Exhibitor's Kit를 배포하고 그 내용을 설명한다.
· 언론 매체를 이용한 광고 및 홍보활동을 전개하고 기자회견이나 기자간담회 등을 개최한다.
· DM방식을 통한 마케팅 활동을 전개하고 포스터 및 Brochure 등을 제작하여 배포한다.
· 관련기관 및 단체 등을 통한 홍보활동을 전개한다.

(2) 전시 부스 할당
· 부스 할당 방법: 일반적으로 부스의 가격이 위치에 관계없이 일정하므로, 부스를 할당하는 방법에는 다음과 같은 방법을 사용한다.
  - First come, First served(선착순): 전형적인 방법으로 선착순으로 할당하는 방법

- Point System(점수제): 과거 전시 참여횟수나 부스사용개수 등으로 기준을 사전에 설정하여 그 기준에 따라 우대하여 할당하는 방법
- Lottery system(추첨식): 추첨을 통하여 할당하는 방법
- Advance Sales(사전판매): 다음 전시회의 부스를 현재 열리고 있는 전시회에서 미리 판매하는 방법

· 부스 판매 방식: 전시장의 부스나 공간을 전시회 참가업체에 판매할 때는 스페이스 단위와 부스 단위의 두 가지 방식에 의해 판매된다. 스페이스 단위 방식은 m²당으로 계산하는 방식이며 주로 7.29m² 또는 9m²가 이용되고 있고, 부스 단위 방식은 기본부스(3m×3m) 단위로 판매하되 가격산정에는 벽, 기본조명, 전시업체 명판 등의 비용이 포함되는 방식이다. 그러나 국제회의와 함께 전시회가 병행될 때는 이 기준보다 작은 규모의 부스가 사용되는 경우가 많다.

3) 전시회 개최 준비

전시회를 준비할 때에는 개 · 폐회식 행사 준비와 함께 다음과 같은 사항을 준비하여야 한다.

· 기본부스 및 통로 배치 결정
· 기본부스 및 공간의 규격과 자재 및 바닥 자재 결정
· 각종 현판 및 배너, 상징탑 및 애드벌룬 등 내 · 외부 장식 설치
· 전시물 반출입 방법 결정 및 장비 확보
· 전시물 보관창고 확보
· 시청각 장비 및 운영요원 확보
· 조명시설 및 음향시설 등 전시 보조시설 및 장치 확보
· 안내데스크 설치 및 안내표지판 제작
· 비즈니스센터(우편, 탁송 포함) 운영 계획 수립
· 디렉토리, 운영매뉴얼 및 전시안내책자 등 각종 인쇄물 제작
· 이벤트 행사 계획 수립
· 전시회 운영요원 확보

- 전시회 진행요원
  - 통관보조요원
  - 안내요원: 안내데스크 운영요원, 외국어 안내요원, 도우미 등
  - 경비: 전시물 보호 및 안전관리 등
- 세관의 협조 하에 보세구역 지정
- 공식 통관 및 운송 업체, 경비업체 지정 등

4) 전시회 운영

(1) 개 · 폐막식 준비
- 개 · 폐막식 계획 수립
- 초청인사 선정 및 초청장 발송
- 행사운영요원 선발 및 교육
- 진행시나리오 작성 및 개 · 폐회사 준비
- 행사용품(가위, 장갑, 오색테이프 등) 및 마이크 등 각종 장치 준비
- 귀빈대기실 확보

(2) 전시장 배치 및 설치
- 전시품의 종류와 스토리 전개에 따라 전시품의 평면적 배치와 공간적 배치를 고려
  하여 구획을 정리한다.
- 전시 주제에 맞도록 이미지를 통일하고 동선이나 구획별 특성을 살린다.
- 관람객의 동선을 단순화한다.
- 등록 및 안내데스크를 설치하고 휴식공간을 확보한다.
- 이벤트 장소를 확보하고 필요한 시설 및 장치 등을 설치한다.
- 조명시설, 통신시설 및 방송시설 점검 · 확인한다.
- 간이 의료시설 및 각종 편의시설을 설치한다.

(3) 전시품 진열
- 전시업체에 일임하지 말고, 전시회의 이미지와 조화를 이룰 수 있도록 유도한다.

· 단순한 순서적 배열을 탈피하고, 의미나 스토리 전개 등을 고려한다.
· 전시품을 관람객이 편하게 볼 수 있도록 관람객의 시선을 고려하여야 한다.

(4) 행사진행요원 등 배치
· 행사진행요원
· 안내원 및 도우미
· 경비, 주차장관리요원 등

3. 전시회 평가

전시회가 종료되면 전시회에 대한 총 관람객 수, 전시업체 수, 손익분석 및 각종 데이터를 이용한 자체분석과 외부 언론매체 등의 기사 등에 의한 분석 등 전체적인 평가를 실시하고 결과보고서를 작성해야 한다.

| 참고문헌 |

〈국내문헌〉

1. 김성혁, 『국제회의산업론』, 서울: 대왕사, 1995.

2. 안경모 · 김영준, 『국제회의실무기획』, 서울: 백산출판사, 1999.

3. 이봉훈, 『이벤트 교과서』, 서울: 도서출판계백, 1997.

4. 최영이 · 한광종, 『국제회의산업론』, 서울: 백산출판사, 1995.

5. 내무부 · 지방자치단체국제화재단, 『국제교류업무편람』. 1997.

6. 대한민국정부, 『국제회의 참가 및 개최요령』, 1998.

7. 문화관광부, 『관광비전21-관광진흥5개년계획』, 1999.

8. 문화관광부, 『국제회의산업육성 기본계획』, 1998.

9. 외무부, 『의전실무편람』, 1979.

10. 한국관광공사, 『2006 국제회의개최현황』, 2007.

11. 한국관광공사, 『한국 국제회의 산업현황』, 2001.

12. 한국관광광사, 『국제회의 유치 캠페인』, 1999.

13. 한국관광공사, 『국제회의 운영요령』, 1994.

〈외국문헌〉

1. Rhonda J. Motgomery, Sandra K. Strick, *Meetings, Conventions, and Expositions (an introduction to the industry)*, Van Nonstrand Reinhold, 1995.

2. Denney G. Rutherford, *Introduction to the Conventions, Expositions, and Meetiongs Industry*, Van Nostrand Reinhold, 1990.

3. Ghislaine de Coninck, *International Meetings in 1999~2000*, UIA, 2000~2001.

4. ICCA, *The Statistics of the International Meetings market in 1993~2002*, 2001.

5. Coleman Lee Finkel, *New Conference Models for the information Age*, ASAE, 1998.

6. Leonard Nardler/Zeace Nadler, *The Comprehensive Guide to Successful Conference and Meetings*, Jossey-Bass Publishers, 1987.

7. the Convention Liaison Council, *the Convention Liaison Council Manual*, 1985.

8. Weirich, *Meetings and Conventions Management*, Demar Publishers inc., 1992.

9. Dr.Joe Jeff Goldblatt · Frank Supovitz, *Dollars and events(How to suceed in the special events business*, John Wiley & Sons inc., 1999.

10. David Seekings, *How to organize effective conferences and meetings*, Kogan Page, 1989.

11. Richard A. Hildreth, *The essentials of meeting management*, a National Publishers Book, 1990.

12. ICCA, *The International Association Meetings Market in 1997~2006*, 2007.

국제회의산업 육성에 관한 법률 · 시행령 · 시행규칙

국제회의산업 육성에 관한 법률 [일부개정 2008.3.21 법률 제8974호]	국제회의산업 육성에 관한 법률 시행령 [일부개정 2008.2.29 대통령령 제20676호]	국제회의산업 육성에 관한 법률 시행규칙 [일부개정 2008.3.6 문화체육관광부령 제1호]
제1조 (목적) 이 법은 국제회의의 유치를 촉진하고 그 원활한 개최를 지원하여 국제회의산업을 육성 · 진흥함으로써 관광산업의 발전과 국민경제의 향상 등에 이바지함을 목적으로 한다.	제1조 (목적) 이 영은 「국제회의산업 육성에 관한 법률」에서 위임된 사항과 그 시행에 관하여 필요한 사항을 규정함을 목적으로 한다.	제1조 (목적) 이 규칙은 「국제회의산업 육성에 관한 법률」 및 동 법시행령에서 위임된 사항과 그 시행에 관하여 필요한 사항을 규정함을 목적으로 한다.
제2조 (정의) 이 법에서 사용하는 용어의 뜻은 다음과 같다. 1. "국제회의" 란 상당수의 외국인이 참가하는 회의(세미나 · 토론회 · 전시회 등을 포함한다)로서 대통령령으로 정하는 종류와 규모에 해당하는 것을 말한다. 2. 국제회의산업" 이란 국제회의의 유치와 개최에 필요한 국제회의시설, 서비스 등과 관련된 산업을 말한다. 3. "국제회의시설" 이란 국제회의의 개최에 필요한 회의시설, 전시시설 및 이와 관련된 부대시설 등으로서 대통령령으로 정하는 종류와 규모에 해당하는 것을 말한다. 4. "국제회의도시" 란 국제회의산업의 육성 · 진흥을 위하여 제14조에 따라 지정된 특별시 · 광역시 또는 시를 말한다. 5. "국제회의 전담조직" 이란 국제회의산업의 진흥을 위하여 각종 사업을 수행하는 조직을 말한다. 6. "국제회의산업 육성기반" 이란 국제회의시설, 국제회의 전문인력, 전자국제회의체제, 국제회의 정보 등 국제회의의 유치 · 개최를 지원하고 촉진하는 시설, 인력, 체제, 정보 등을 말한다.	제2조 (국제회의의 종류 · 규모) 「국제회의산업 육성에 관한 법률」(이하 "법" 이라 한다) 제2조제1호의 규정에 의한 국제회의는 다음 각 호의 1에 해당하는 회의를 말한다. 1. 국제기구 또는 국제기구에 가입한 기관 또는 법인 · 단체가 개최하는 회의로서 다음 각목의 요건을 갖춘 회의 　가. 당해 회의에 5개국 이상의 외국인이 참가할 것 　나. 회의참가자가 300인 이상이고 그 중 외국인이 100인 이상일 것 　다. 3일 이상 진행되는 회의일 것 2. 국제기구에 가입하지 아니한 기관 또는 법인 · 단체가 개최하는 회의로서 다음 각목의 요건을 갖춘 회의 　가. 회의참가자중 외국인이 150인 이상일 것 　나. 2일 이상 진행되는 회의일 것 제3조 (국제회의시설의 종류 · 규모) ① 법 제2조제3호의 규정에 의한 국제회의시설은 전문회의시설 · 준회의시설 · 전시시설 및 부대시설로 구분한다.	

② 전문회의시설은 다음 각 호의 요건을 갖추어야 한다.
  1. 2천인 이상의 인원을 수용할 수 있는 대회의실이 있을 것
  2. 30인 이상의 인원을 수용할 수 있는 중·소회의실이 10실 이상 있을 것
  3. 2천제곱미터 이상의 옥내전시면적을 확보하고 있을 것
③ 준회의시설은 국제회의의 개최에 필요한 회의실로 활용할 수 있는 호텔연회장·공연장·체육관 등의 시설로서 다음 각 호의 요건을 갖추어야 한다.
  1. 600인 이상의 인원을 수용할 수 있는 대회의실이 있을 것
  2. 30인 이상의 인원을 수용할 수 있는 중·소회의실이 3실 이상 있을 것
④ 전시시설은 다음 각 호의 요건을 갖추어야 한다.
  1. 2천제곱미터 이상의 옥내전시면적을 확보하고 있을 것
  2. 30인 이상의 인원을 수용할 수 있는 중·소회의실이 5실 이상 있을 것
⑤ 부대시설은 국제회의의 개최 및 전시의 편의를 위하여 제2항 및 제4항의 시설에 부속된 숙박시설·주차시설·음식점시설·휴식시설·판매시설등으로 한다.

제3조 (국가의 책무)
① 국가는 국제회의산업의 육성·진흥을 위하여 필요한 계획의 수립 등 행정·재정상의 지원조치를 강구하여야 한다.
② 제1항에 따른 지원조치에는 국제회의 참가자가 이용할 숙박시설, 교통시설 및 관광 편의시설 등의 설치·확충 또는 개선을 위하여 필요한 사항이 포함되어야 한다.

국제회의산업 육성에 관한 법률 [일부개정 2008.3.21 법률 제8974호]	국제회의산업 육성에 관한 법률 시행령 [일부개정 2008.2.29 대통령령 제20676호]	국제회의산업 육성에 관한 법률 시행규칙 [일부개정 2008.3.6 문화체육관광부령 제1호]
제4조 (국제회의산업육성위원회의 설치·운영 등) ① 국제회의산업의 육성에 관한 다음 각 호의 사항을 심의하기 위하여 문화체육관광부장관 소속으로 국제회의산업육성위원회(이하 "육성위원회"라 한다)를 둔다. 1. 국제회의산업 육성의 기본계획 2. 국제회의시설의 건립 계획 3. 국제회의도시의 지정 및 취소 4. 그 밖에 문화체육관광부장관이 필요하다고 인정하여 회의에 부치는 사항 ② 문화체육관광부장관은 육성위원회를 효율적으로 운영하기 위하여 전문적이고 기술적인 자문이 필요하다고 인정하면 관계 전문가로 구성되는 국제회의산업자문단(이하 "자문단"이라 한다)을 둘 수 있다. ③ 육성위원회와 자문단의 구성·운영 등에 필요한 사항은 대통령령으로 정한다.	제4조 (국제회의산업육성위원회의 구성) ① 법 제4조의 규정에 의한 국제회의산업육성위원회(이하 "육성위원회"라 한다)는 위원장 1인을 포함한 15인 이내의 위원으로 구성한다. ② 육성위원회의 위원장은 문화체육관광부제1차관이 되고, 위원은 다음 각 호에 해당하는 자중 문화체육관광부장관이 위촉하는 자가 된다. 1. 관계 중앙행정기관의 고위공무원단에 속하는 일반직공무원 2. 특별시·광역시 및 도의 부시장 및 부지사 3. 국제회의산업에 관한 학식과 경험이 풍부한 자 4. 관련단체가 추천하는 자 제5조 (육성위원회의 회의) ① 육성위원회의 위원장은 위원회의 회의를 소집하고 그 의장이 된다. ② 육성위원회의 회의는 재적위원 과반수의 출석과 출석위원 과반수의 찬성으로 의결한다. 제6조 (국제회의산업자문단) ① 법 제4조제2항의 규정에 의한 국제회의산업자문단(이하 "자문단"이라 한다)은 관광관련 전문가 중 문화체육관광부장관이 지명하는 10인 이내의 자문위원으로 구성한다. ② 자문단의 장은 자문위원간의 호선으로 결정한다. ③ 자문위원의 임기는 3년으로 하되, 공무원인 자문위원은 그 직에 있는 동안 재임한다. 제7조 (수당) 육성위원회 및 자문단의 회의에 출석한 위원 및 자문위원에 대하여는 예산의 범위안에서 수당과 여비를	

	지급할 수 있다. 다만, 공무원인 위원 또는 자문위원이 그 소관업무와 관련되는 회의에 출석하는 경우는 그러하지 아니하다. 제8조 (운영세칙) 이 영에서 규정한 것 외에 육성위원회의 운영에 관하여 필요한 세부사항은 육성위원회의 의결을 거쳐 육성위원회의 위원장이 정한다.
제5조 (국제회의 전담조직의 지정 및 설치) ① 문화체육관광부장관은 국제회의산업의 육성을 위하여 필요하면 국제회의 전담조직(이하 "전담조직"이라 한다)을 지정할 수 있다. ② 국제회의시설을 보육·관할하는 지방자치단체의 장은 국제회의 관련 업무를 효율적으로 추진하기 위하여 필요하다고 인정하면 전담조직을 설치할 수 있다. ③ 전담조직의 지정·설치 및 운영 등에 필요한 사항은 대통령령으로 정한다.	제9조 (국제회의 전담조직의 업무) 법 제5조제1항의 규정에 의한 국제회의 전담조직은 다음 각 호의 업무를 담당한다. 1. 국제회의의 유치 및 개최 지원 2. 국제회의산업의 국외홍보 3. 국제회의 관련정보의 수집 및 배포 4. 국제회의 전문인력의 교육 및 수급 5. 법 제5조제2항의 규정에 따라 설치된 전담조직에 대한 지원 및 상호협력 6. 그 밖에 국제회의산업의 육성과 관련된 업무 제10조 (국제회의 전담조직의 지정) 문화체육관광부장관은 법 제5조제1항의 규정에 따라 국제회의 전담조직을 지정하고자 하는 때에는 육성위원회의 심의를 거쳐야 한다.
제6조 (국제회의산업육성기본계획의 수립 등) ① 문화체육관광부장관은 국제회의산업의 육성·진흥을 위하여 다음 각 호의 사항이 포함되는 국제회의산업육성기본계획(이하 "기본계획" 이라 한다)을 수립·시행하여야 한다. 1. 국제회의의 유치와 촉진에 관한 사항 2. 국제회의의 원활한 개최에 관한 사항 3. 국제회의에 필요한 인력의 양성에 관한 사항	제11조 (국제회의산업육성기본계획) 문화체육관광부장관은 법 제6조의 규정에 의한 국제회의산업육성기본계획을 수립 또는 변경하는 경우에는 국제회의산업과 관련이 있는 기관 또는 단체 등의 의견을 들어야 한다.

국제회의산업 육성에 관한 법률 [일부개정 2008.3.21 법률 제8974호]	국제회의산업 육성에 관한 법률 시행령 [일부개정 2008.2.29 대통령령 제20676호]	국제회의산업 육성에 관한 법률 시행규칙 [일부개정 2008.3.6 문화체육관광부령 제1호]
4. 국제회의시설의 설치와 확충에 관한 사항 5. 그 밖에 국제회의산업의 육성 · 진흥에 관한 중요 사항 ② 문화체육관광부장관은 기본계획을 수립하거나 변경하려면 육성위원회의 심의를 거쳐야 한다. ③ 문화체육관광부장관은 국제회의산업 육성과 관련된 기관의 장에게 기본계획의 효율적인 달성을 위하여 필요한 협조를 요청할 수 있다. ④ 기본계획의 수립에 필요한 사항은 대통령령으로 정한다.		
제7조 (국제회의 유치 · 개최 지원) ① 문화체육관광부장관은 국제회의의 유치를 촉진하고 그 원활한 개최를 위하여 필요하다고 인정하면 국제회의를 유치하거나 개최하는 자에게 지원을 할 수 있다. ② 제1항에 따른 지원을 받으려는 자는 문화체육관광부령으로 정하는 바에 따라 문화체육관광부장관에게 그 지원을 신청하여야 한다.		제2조 (국제회의 유치 · 개최 신청) 「국제회의산업 육성에 관한 법률」(이하 "법"이라 한다) 제7조제2항의 규정에 따라 국제회의 유치 · 개최에 관한 지원을 받고자 하는 자는 별지서식의 국제회의지원신청서에 다음 각 호의 서류를 첨부하여 법 제5조제1항의 규정에 의한 국제회의 전담조직의 장에게 제출하여야 한다. 1. 국제회의 유치 · 개최 계획서(국제회의의 명칭 · 목적 · 기간 · 장소 · 참가자수 · 소요비용 등을 포함하여야 한다) 1부 2. 국제회의 유치 · 개최 실적에 관한 서류(국제회의를 유치 · 개최한실적이 있는 경우에 한한다) 1부 3. 지원을 받고자 하는 세부내용을 기재한 서류 1부 제3조 (지원결과보고) 법 제7조의 규정에 따라 지원을 받은 국제회의 유치 · 개최자는 당해 사업이 완료된 후 1월 이내에 법 제5조제1항의 규정에 의한 국제회의 전담조직의 장에게 사업결과보고서를 제출하여야 한다.

제8조 (국제회의산업 육성기반의 조성) ① 문화체육관광부장관은 국제회의산업 육성기반을 조성하기 위하여 관계 중앙행정기관의 장과 협의하여 다음 각 호의 사업을 추진하여야 한다. 　1. 국제회의시설의 건립 　2. 국제회의 전문인력의 양성 　3. 국제회의산업 육성기반의 조성을 위한 국제협력 　4. 인터넷 등 정보통신망을 통하여 수행하는 전자국제회의 기반의 구축 　5. 국제회의산업에 관한 정보와 통계의 수집 · 분석 및 유통 　6. 그 밖에 국제회의산업 육성기반의 조성을 위하여 필요하다고 인정되는 사업으로서 대통령령으로 정하는 사업 ② 문화체육관광부장관은 다음 각 호의 기관 · 법인 또는 단체(이하 "사업시행기관"이라 한다) 등으로 하여금 국제회의산업 육성기반의 조성을 위한 사업을 실시하게 할 수 있다. 　1. 제5조제1항 및 제2항에 따라 지정 · 설치 된 전담조직 　2. 제14조제1항에 따라 지정된 국제회의도시 　3. 「한국관광공사법」에 따라 설립된 한국관광공사 　4. 「고등교육법」에 따른 대학 · 산업대학 및 전문대학 　5. 그 밖에 대통령령으로 정하는 법인 · 단체	제12조 (국제회의산업육성기반 조성사업 및 사업시행기관) ① 법 제8조제1항제6호에서 "대통령령이 정하는 사업"이라 함은 다음 각 호의 사업을 말한다. 　1. 법 제5조의 규정에 의한 국제회의 전담조직의 육성 　2. 국제회의산업에 관한 국외홍보사업 ② 법 제8조제2항제5호에서 "그 밖에 대통령령이 정하는 법인 · 단체"라 함은 국제회의산업의 육성과 관련된 업무를 수행하는 법인 · 단체로서 문화체육관광부장관이 지정하는 법인 · 단체를 말한다.	
제9조 (국제회의시설의 건립 및 운영 촉진 등) 문화체육관광부장관은 국제회의시설의 건립 및 운영 촉진 등을 위하여 사업시행기관이 추진하는 다음 각 호의 사업을 지원할 수 있다. 　1. 국제회의시설의 건립 　2. 국제회의시설의 운영 　3. 그 밖에 국제회의시설의 건립 및 운영 촉진을 위하여 필요하다고 인정하는 사업으로서 문화체육관광부령으로 정하는 사업		제4조 (국제회의시설의 지원) 법 제9조제3호에서 "문화체육관광부령이 정하는 사업"이라 함은 국제회의시설의 국외 홍보활동을 말한다.

국제회의산업 육성에 관한 법률 [일부개정 2008.3.21 법률 제8974호]	국제회의산업 육성에 관한 법률 시행령 [일부개정 2008.2.29 대통령령 제20676호]	국제회의산업 육성에 관한 법률 시행규칙 [일부개정 2008.3.6 문화체육관광부령 제1호]
제10조 (국제회의 전문인력의 교육 · 훈련 등) 문화체육관광부장관은 국제회의 전문인력의 양성 등을 위하여 사업시행기관이 추진하는 다음 각 호의 사업을 지원할 수 있다. 1. 국제회의 전문인력의 교육 · 훈련 2. 국제회의 전문인력 교육과정의 개발 · 운영 3. 그 밖에 국제회의 전문인력의 교교육 · 훈련과 관련하여 필요한 사업으로서 문화체육관광부령으로 정하는 사업		제5조 (전문인력의 교육 · 훈련) 법 제10조제3호에서 "문화체육관광부령이 정하는 사업"이라 함은 국제회의 전문인력 양성을 위한 인턴사원제도 등 현장실습의 기회제공사업을 말한다.
제11조 (국제협력의 촉진) 문화체육관광부장관은 국제회의산업 육성기반의 조성과 관련된 국제협력을 촉진하기 위하여 사업시행기관이 추진하는 다음 각 호의 사업을 지원할 수 있다. 1. 국제회의 관련 국제협력을 위한 조사 · 연구 2. 국제회의 전문인력 및 정보의 국제 교류 3. 외국의 국제회의 관련 기관 · 단체의 국내 유치 4. 그 밖에 국제회의 육성기반의 조성에 관한 국제협력을 촉진하기 위하여 필요한 사업으로서 문화체육관광부령으로 정하는 사업		제6조 (국제협력의 촉진) 법 제11조제4호에서 "문화체육관광부령이 정하는 사업"이라 함은 다음 각 호의 사업을 말한다. 1. 국제회의 관련 국제행사의 참가 2. 국외의 국제회의 관련 기관 · 단체의 인력파견
제12조 (전자국제회의 기반의 확충) ① 정부는 전자국제회의 기반을 확충하기 위하여 필요한 시책을 강구하여야 한다. ② 문화체육관광부장관은 전자국제회의 기반의 구축을 촉진하기 위하여 사업시행기관이 추진하는 다음 각 호의 사업을 지원할 수 있다. 1. 인터넷 등 정보통신망을 통한 사이버 공간에서의 국제회의 개최 2. 전자국제회의 개최를 위한 관리체제의 개발 및 운영		제7조 (전자국제회의기반 구축) 법 제12조제2항제3호에서 "문화체육관광부령이 정하는 사업"이라 함은 전자국제회의 개최를 위한 국내 · 외 기관간의 협력사업을 말한다.

3. 그 밖에 전자국제회의 기반의 구축을 위하여 필요하다고 인정하는 사업으로서 문화체육관광부령으로 정하는 사업		
제13조 (국제회의 정보의 유통 촉진) ① 정부는 국제회의 정보의 원활한 공급 · 활용 및 유통을 촉진하기 위하여 필요한 시책을 강구하여야 한다. ② 문화체육관광부장관은 국제회의 정보의 공급 · 활용 및 유통을 촉진하기 위하여 사업시행기관이 추진하는 다음 각 호의 사업을 지원할 수 있다. 1. 국제회의 정보 및 통계의 수집 · 분석 2. 국제회의 정보의 가공 및 유통 3. 국제회의 정보망의 구축 및 운영 4. 그 밖에 국제회의 정보의 유통 촉진을 위하여 필요한 사업으로 문화체육관광부령으로 정하는 사업 ③ 문화체육관광부장관은 국제회의 정보의 공급 · 활용 및 유통을 촉진하기 위하여 필요하면 문화체육관광부령으로 정하는 바에 따라 관계 행정기관과 국제회의 관련 기관 · 단체에 대하여 국제회의 정보의 제출을 요청하거나 국제회의 정보를 제공할 수 있다.		제8조 (국제회의 정보의 유통촉진) ① 법 제13조제2항제4호에서 "문화체육관광부령이 정하는 사업"이라 함은 국제회의 정보의 활용을 위한 자료의 발간 및 배포를 말한다. ② 법 제13조제3항의 규정에 따라 문화체육관광부장관이 국제회의 정보의 제출을 요청하거나, 이를 제공하는 때에는 그 요청하고자 하는 정보의 구체적인 내용 등을 기재하여 문서로써 하여야 한다.
제14조 (국제회의도시의 지정 등) ① 문화체육관광부장관은 대통령령으로 정하는 국제회의도시 지정기준에 맞는 특별시 · 광역시 및 시를 육성위원회의 심의를 거쳐 국제회의도시로 지정할 수 있다. ② 문화체육관광부장관은 국제회의도시를 지정하는 경우 지역 간의 균형적 발전을 고려하여야 한다. ③ 문화체육관광부장관은 국제회의도시가 제1항에 따른 지정기준에 맞지 아니하게 된 경우에는 육성위원회의 심의를 거쳐 그 지정을 취소할 수 있다.	제13조 (국제회의도시의 지정기준) 법 제14조제1항의 규정에 의한 국제회의도시의 지정기준은 다음 각 호와 같다. 1. 지정대상도시안에 국제회의시설이 있고, 당해 특별시 · 광역시 또는 시에서 이를 활용한 국제회의산업 육성에 관한 계획을 수립하고 있을 것 2. 지정대상도시안에 숙박시설 · 교통시설 · 통안내체계 등 국제회의 참가자를 위한 편의시설이 갖추어져 있을 것 3. 지정대상도시 또는 그 주변에 풍부한 관광자원이 있을 것	제9조 (국제회의도시의 지정신청) 법 제14조제1항의 규정에 따라 국제회의도시의 지정을 신청하고자 하는 특별시장 · 광역시장 또는 시장은 다음 각 호의 내용을 기재한 서류를 문화체육관광부장관에게 제출하여야 한다. 1. 국제회의시설의 보유현황 및 이를 활용한 국제회의 산업육성에 관한 계획 2. 숙박시설 · 교통시설 · 교통안내체계 등 국제회의 참가자를 위한 편의시설의 현황 및 확충계획 3. 지정대상도시 또는 그 주변의 관광자원의 현황 및 개발계획 4. 국제회의 유치 · 개최 실적 및 계획

국제회의산업 육성에 관한 법률 [일부개정 2008.3.21 법률 제8974호]	국제회의산업 육성에 관한 법률 시행령 [일부개정 2008.2.29 대통령령 제20676호]	국제회의산업 육성에 관한 법률 시행규칙 [일부개정 2008.3.6 문화체육관광부령 제1호]
④ 문화체육관광부장관은 제1항과 제3항에 따른 국제회의도시의 지정 또는 지정취소를 한 경우에는 그 내용을 고시하여야 한다. ⑤ 제1항과 제3항에 따른 국제회의도시의 지정 및 지정취소 등에 필요한 사항은 대통령령으로 정한다.		
제15조 (국제회의도시의 지원) 문화체육관광부장관은 제14조제1항에 따라 지정된 국제회의도시에 대하여는 다음 각 호의 사업에 우선 지원할 수 있다. 1. 국제회의도시에서의 「관광진흥개발기금법」 제5조의 용도에 해당하는 사업 2. 제16조제2항 각 호의 어느 하나에 해당하는 사업		
제16조 (재정 지원) ① 문화체육관광부장관은 이 법의 목적을 달성하기 위하여 「관광진흥개발기금법」 제2조제2항제3호에 따른 국외 여행자의 출국납부금 총액의 100분의 10에 해당하는 금액의 범위에서 국제회의산업의 육성재원을 지원할 수 있다. ② 문화체육관광부장관은 제1항에 따른 금액의 범위에서 다음 각 호에 해당되는 사업에 필요한 비용의 전부 또는 일부를 지원할 수 있다. 1. 제5조제1항 및 제2항에 따라 지정·설치 된 전담조직의 운영 2. 제7조제1항에 따른 국제회의 유치 또는 그 개최자에 대한 지원 3. 제8조제2항제2호부터 제5호까지의 규정에 따른 사업시행기관에서 실시하는 국제회의산업 육성 기반 조성사업 4. 제10조부터 제13조까지의 각 호에 해당하는 사업	제14조 (재정지원 등) 법 제16조제2항의 규정에 의한 지원금의 교부는 당해 사업의 추진상황 등을 고려하여 분할하여 지급한다. 다만, 사업의 규모·착수시기 등을 참작하여 필요하다고 인정하는 때에는 일시에 이를 지급할 수 있다. 제15조 (지원금의 관리 및 회수) ① 법 제16조제2항의 규정에 따라 지원금을 교부받은 자는 그 지원금에 대하여 별도의 계정을 설치하여 관리하여야 하고, 그 사용실적을 사업종료후 1월 이내에 문화체육관광부장관에게 보고하여야 한다. ② 법 제16조제2항의 규정에 따라 지원금을 교부받은 자가 법 제16조제2항 각 호의 규정에 의한 용도외에 지원금을 사용한 때에는 그 지원금을 회수할 수 있다.	

5. 그 밖에 국제회의산업의 육성을 위하여 필요한 사항으로서 대통령령으로 정하는 사업 ③ 제2항에 따른 지원금의 교부에 필요한 사항은 대통령령으로 정한다. ④ 제2항에 따른 지원을 받으려는 자는 대통령령으로 정하는 바에 따라 문화체육관광부장관 또는 제18조에 따라 사업을 위탁받은 기관의 장에게 지원을 신청하여야 한다.		
제17조 (다른 법률과의 관계) ① 국제회의시설의 설치자가 국제회의시설에 대하여 「건축법」 제11조에 따른 건축허가를 받으면 같은 법 제11조제5항 각 호의 사항 외에 다음 각 호의 허가 · 인가 등을 받거나 신고를 한 것으로 본다. 1. 「하수도법」 제24조에 따른 시설이나 공작물 설치의 허가 2. 「수도법」 제52조에 따른 전용상수도 설치의 인가 3. 「소방시설설치유지 및 안전관리에 관한 법률」 제7조제1항에 따른 건축허가의 동의 4. 「폐기물관리법」 제29조제2항에 따른 폐기물처리시설 설치의 승인 또는 신고 5. 「대기환경보전법」 제23조, 「수질 및 수생태계 보전에 관한 법률」 제33조 및 「소음 · 진동규제법」 제8조에 따른 배출시설 설치의 허가 또는 신고 ② 국제회의시설의 설치자가 국제회의시설에 대하여 「건축법」 제22조에 따른 사용승인을 받으면 같은 법 제22조제4항 각 호의 사항 외에 다음 각 호의 검사를 받거나 신고를 한 것으로 본다. 1. 「수도법」 제53조에 따른 전용상수도의 준공검사 2. 「소방시설공사업법」 제14조제1항에 따른 소방시설의 완공검사 3. 「폐기물관리법」 제29조제4항에 따른 폐기물처리시설의 사용개시 신고 4. 「대기환경보전법」 제30조, 「수질 및 수생태계 보전에		제10조 (인 · 허가 등의 의제를 위한 서류제출) 법 제17조제3항에서 "문화체육관광부령이 정하는 관계서류"라 함은 법 제17조제1항 및 제2항의 규정에 따라 의제되는 허가 · 인가 · 검사 등에 필요한 서류를 말한다.

국제회의산업 육성에 관한 법률 [일부개정 2008.3.21 법률 제8974호]	국제회의산업 육성에 관한 법률 시행령 [일부개정 2008.2.29 대통령령 제20676호]	국제회의산업 육성에 관한 법률 시행규칙 [일부개정 2008.3.6 문화체육관광부령 제1호]
관한 법률」 제37조 및 「소음·진동규제법」 제13조에 따른 배출시설 등의 가동개시(가동개시) 신고 ③ 제1항과 제2항에 따른 허가·인가·검사 등의 의제(의제)를 받으려는 자는 해당 국제회의시설의 건축허가 및 사용승인을 신청할 때 문화체육관광부령으로 정하는 관계 서류를 함께 제출하여야 한다. ④ 특별자치도지사·시장·군수 또는 구청장(자치구의 구청장을 말한다)이 건축허가 및 사용승인 신청을 받은 경우 제1항과 제2항에 해당하는 사항이 다른 행정기관의 권한에 속하면 미리 그 행정기관의 장과 협의하여야 하며, 협의를 요청받은 행정기관의 장은 그 요청을 받은 날부터 15일 이내에 의견을 제출하여야 한다.		
제18조 (권한의 위탁) ① 문화체육관광부장관은 제7조에 따른 국제회의 유치·개최의 지원에 관한 업무를 대통령령으로 정하는 바에 따라 법인이나 단체에 위탁할 수 있다. ② 문화체육관광부장관은 제1항에 따른 위탁을 한 경우에는 해당 법인이나 단체에 예산의 범위에서 필요한 경비(경비)를 보조할 수 있다.	제16조 (권한의 위탁) 문화체육관광부장관은 법 제18조제1항의 규정에 따라 법 제7조의 국제회의의 유치·개최의 지원에 관한 업무를 법 제5조제1항에 의한 국제회의 전담조직에 위탁한다.	

국제회의지원신청서

국제회의지원신청서	처리기간
	30일

신청인	① 대표자성명		② 주민등록번호	
	③ 주소(대표자)			(전화 :)
	④ 단체명 · 상호		⑤ 자본금	
	⑥ 주소(단체)			(전화 :)
	⑦ 설립목적		⑧ 설립연도	

⑨ 지원요망사항 :

국제회의산업육성에관한법률 제7조제2항의 규정에 따라 국제회의의 유치 · 개최에 관한 지원을 신청합니다.

년   월   일

신청인   (서명 또는 인)

구비서류: 뒤쪽 참조	수수료
	없음

210mm×297mm(신문용지 54g/㎡(재활용품)

구비서류
1. 국제회의 유치 · 개최 계획서(국제회의의 명칭 · 목적 · 기간 · 장소 · 참가자수 · 소요비용 등을 포함하여야 한다) 1부
2. 국제회의 유치 · 개최 실적에 관한 서류(국제회의를 유치 · 개최한 실적이 있는 경우에 한한다) 1부
3. 지원을 받고자 하는 세부내용을 기재한 서류 1부
   이 신청서는 아래와 같이 처리됩니다.

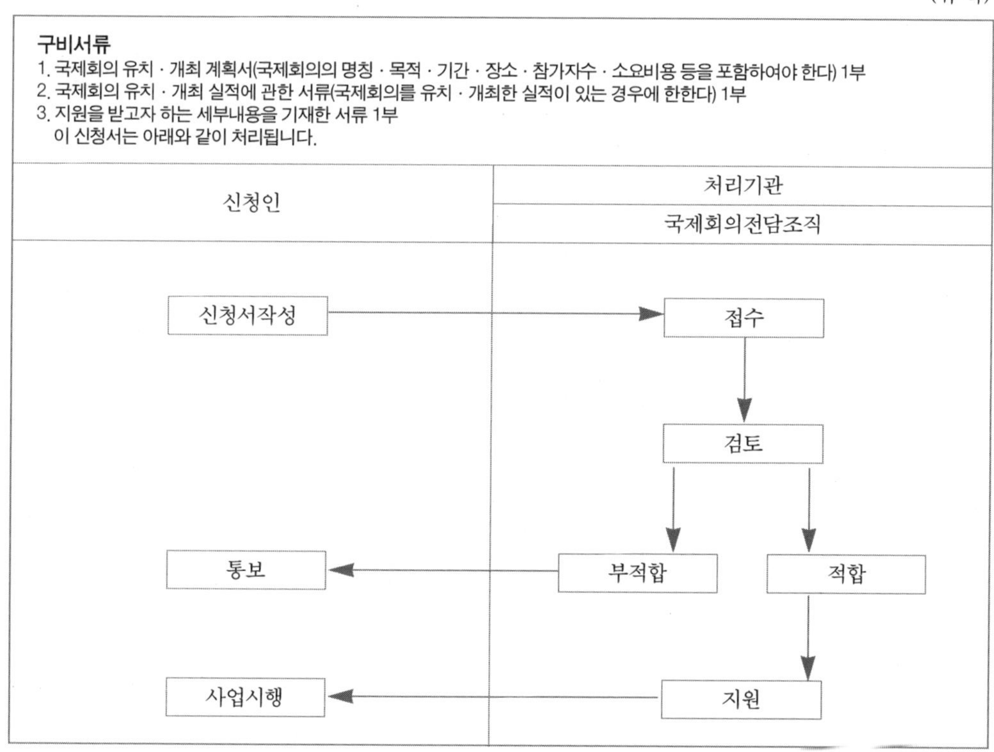